Regina Urbach

111 Orte in Speyer, die man gesehen haben muss

111

emons:

Bibliografische Information der Deutschen Nationalbibliothek
Die Deutsche Nationalbibliothek verzeichnet diese Publikation in der Deutschen Nationalbibliografie; detaillierte bibliografische Daten sind im Internet über http://dnb.d-nb.de abrufbar.

MIX
Papier | Fördert gute Waldnutzung
FSC® C083411
FSC www.fsc.org

Gestaltung: Eva Kraskes, nach einem Konzept von Lübbeke | Naumann | Thoben
Kartografie: altancicek.design, www.altancicek.de
Kartenbasisinformationen aus Openstreetmap,

Druck und Bindung: CPI – Clausen & Bosse, Leck
Printed in Germany 2023
ISBN 978-3-7408-1508-0

Vorwort

Zum Geleit

Gleich zweifach taucht Speyer auf der Liste des UNESCO-Weltkulturerbes auf – mit dem romanischen Kaiserdom und als »SchUM«-Stätte jüdischer Kultur. Speyer ist auch eine Stadt der Fischer und Schiffer und bietet Naturschutzgebiete und Erholung am Wasser. Wer durch die Innenstadt schlendert, entdeckt zauberhafte Innenhöfe, halb geheime Gärten, Klöster und Kirchen voller Kunstschätze. Noch älter sind urige Kellergewölbe oder die Jesuitengruft. Die Kunstszene ist ebenso vielfältig wie Orte der Literatur oder solche, an denen Stars der Weltgeschichte zu Gast waren. Begeben Sie sich auf die Spuren von Heimatdichtern, Verlegern, Politikern, Musikern und Autoren. Und auch ein bisschen Skurriles erwartet Sie …

Dieser etwas andere Stadtführer schärft auch Speyerern den Blick für die verborgenen Schönheiten ihrer Stadt. Manche sind Teil einer Sehenswürdigkeit und werden doch häufig übersehen. Orte mit unglaublichen Geschichten, von herzerwärmend bis grausig, viele gehen aufs Mittelalter zurück.

Beim Genuss all der 111 besonderen Orte und mindestens ebenso vieler weiterer Tipps wünsche ich nun viel Vergnügen.

Zeichen wie »/*I_:« zerhacken in diesem Text keine Wörter. Ich vertraue dem generischen Maskulinum unserer schönen Sprache.

Regina Urbach

111 Orte

1 Der Aalschokker »Paul«

Kommt der Rhein-Aal wieder?

Was aussieht wie ein gestrandetes Piratenschiff an der Strandbar Rheinstrand, ist in Wirklichkeit ein Aalschokker im Ruhestand. »Paul« ist einer von wenigen deutschen Vertretern dieses Schiffstyps, die heute als technische Denkmäler gelten. 1924 wurde er in der heute noch bestehenden Speyerer Werft Braun für den Aalfang gebaut. Die Aale wurden aber nicht etwa »geschockt«, wie der Name vermuten lässt. Die Bezeichnung leitet sich von der niederländischen Insel Schokland in der Zuidersee ab, in der Schiffe solcher Bauart entwickelt wurden. Jahrzehntelang ankerte »Paul« nachts an strömungsreichen Flussstellen und fing mit seitlich ausgefahrenen Fangnetzen Rheinaale. Erst in den 1950er Jahren war es damit vorbei, und »Paul« wurde zur Landratte. 1982 erwarb ihn die Stadt Speyer und ließ ihn als Denkmal herrichten – natürlich in seiner Heimatwerft Braun. So kehrte »Paul« nach Hause zurück und ist heute ein Highlight der Strandbar, wo die Gäste gern seinen alten Rumpf streicheln.

Und die Rhein-Aale? Nach anfänglicher Dezimierung haben sich die Bestände noch nicht ganz erholt, obwohl die Wasserqualität wieder steigt. Zur Fortpflanzung legt der Aal eine weite Wanderung zurück. Kurz vor der Geschlechtsreife schwimmen die bis zu 1,20 Meter langen Fische von den mitteleuropäischen Flüssen stromabwärts in die Nordsee. Von dort ziehen sie weiter zur Sargassosee im Atlantik, wo sie ihre Eier ablegen und sterben. Der geschlüpfte Laich driftet mit dem Golfstrom zurück nach Europa. Die jungen Glasaale wandern über die Mündungen der europäischen Flüsse gegen die Strömung.

Doch solange Glasaale im Rheindelta gefischt werden, Stauwehre, Parasiten und Turbinen ihr Fortkommen behindern, müssen immer noch per »Fischbesatz« zusätzliche Aalbestände im Rhein ausgesetzt werden. 1.800 Kilogramm waren es im Jahr 2021. Der Bestand reguliert sich also (noch) nicht von selbst.

Adresse Strandbar Rheinstrand, Am Neuen Rheinhafen 1, 67346 Speyer | **ÖPNV** Bus 565, Station Bademaxx/DJH | **Öffnungszeiten** im Sommerhalbjahr bei gutem Wetter So–Do 12–20 Uhr, Fr und Sa 12–21 Uhr, je nach Wetter im Sommer auch länger | **Tipp** Um die Aale zu schonen, empfiehlt es sich, eher ein »Pälzer Rumpsteak mit gschmorte Zwiwwle und Beilaach« zu verzehren, etwa im »Alten Hammer«, flussabwärts am Rheinufer.

2 Der Adenauerpark

Goldmunds letzte Ruhe

Der verträumte Adenauerpark wurde in den Jahren 1956–58 auf einem Teil des Geländes des alten Speyerer Friedhofs »für Arme und Fremde« von 1502 angelegt und 1967 nach Bundeskanzler Adenauer benannt. Prominentestes Grab ist das von Altbundeskanzler Dr. Helmut Kohl, es grenzt an die Gräber des Domkapitels. Ein Hauch von Poesie umfängt den gesamten Park. Auch der geniale Gelehrte und Gymnasiallehrer Friedrich Magnus Schwerd fand hier seine letzte Ruhe.

Weniger bekannt und außerhalb von Kirchenkreisen weitgehend vergessen ist der seinerzeit hochverehrte Speyerer Pfarrer Georg Friedrich Wilhelm Schultz. Wegen seiner Beredsamkeit und seines diplomatischen Geschicks kann er als wahrer »Goldmund« gelten. Auf seinen Grabstein stößt man am Parkeingang von der Bahnhofstraße aus. Dem wortgewaltigen Prediger gelang etwas, was zu seiner Zeit als höchst knifflig galt: Er bereitete den Boden für die Union der erbittert zerstrittenen lutherischen und reformierten Protestanten-Gemeinden. Es mag auch die gemeinsame Bedrohung durch den Rationalismus im Nachgang der Französischen Revolution gewesen sein, die die Bereitschaft zur Union der protestantischen Kirchen in der Pfalz gefördert hat. Der zuständige Landesherr, König Maximilian I. von Bayern und der Pfalz, jedenfalls brauchte 1818 nur noch seinen Segen dazuzugeben.

In Schultz' Jugend wurde Speyer von den französischen Revolutionskriegen heimgesucht; zeitweise durfte er nicht in seiner Heimatstadt bleiben. Nach dem Theologiestudium wählte man ihn in Triest zum Pfarrer, bis die Stadt ihn nicht mehr bezahlen konnte. Nach Stationen in Bergzabern und Landau kam er schließlich doch noch zu einer Pfarrstelle in seiner Heimatstadt. Mit dem vernunftorientierten Zeitgeist der Revolution tat sich Schultz schwer. Über Napoleon bemerkte er schneidend: »Jede Perle in seiner Krone ist eine Thräne im Auge von Hunderttausenden.«

Adresse Hirschgraben 4, 67346 Speyer | ÖPNV Bus 567, Station Adenauerpark | Öffnungszeiten täglich 6.30–21 Uhr | Tipp Die Friedhofskapelle »Unserer Lieben Frau« aus dem Jahr 1516 ist älter als die meisten sichtbaren Gräber des ehemaligen Friedhofs.

3 Der alte Güterbahnhof

Gemütliche alte Pfefferminzbähnel-Zeit

»Ich kärchel und schärwel gemietlich dorchs Land, sei Ruh soll mer niemols verkäfe, wer schneller zum Ziel will, muss korzerhand sei Köfferle schnappe un läfe!« Besser als der Mundartdichter Hansgeorg Baßler kann man die Fahrt des »Pfefferminzbähnels« nicht beschreiben. Seit 1873 war Speyer über eine Schiffbrücke per Bahn an Heidelberg angeschlossen. Überlegungen, Speyer auch mit den Orten bis Neustadt an der Weinstraße zu verbinden, reichen bis in diese Zeit zurück. Doch erst im August 1905 ratterte tatsächlich das erste Bähnel von Speyer in die Pfalz, werktags ab 5.30 Uhr.

Legendär war die Gemütlichkeit des Schmalspurzugs, der nicht mehr als 30 Stundenkilometer erreichte. Offiziell hieß er Gäubähnel (nach dem Speyergau); »Pfefferminzbähnel« taufte ihn der Volksmund, weil die Bauern auf der Strecke nicht nur ihr Obst und Gemüse zu den Wochenmärkten fuhren, sondern aus Gommersheim, dem Pfefferminzdorf, auch ihre Minze. Schulkinder erledigten im Bähnel morgens letzte Hausaufgaben, »Aniliner« gondelten zur Arbeit, denn in Speyer konnten sie in eine Bahn der BASF umsteigen. Mitunter blieb dem Lokführer gar Zeit, ein Igelchen von den Gleisen zu retten oder auf einer Kerwe an der Strecke zu »tanken« (aber kein Wasser!).

50 Betriebsjahre und neun Monate später war das Schmalspur-Bähnel endgültig unrentabel geworden. Im Juni 1956 startete es zu seiner letzten Fahrt. An jeder Station wurden Grabreden gehalten und Tränen vergossen. Schienen und Schwellen des Schmalspurbähnels wurden abmontiert. In Speyer blieb vom Bähnel noch die Gaststätte »Gaubahnhof« in der Blaulstraße. Autor Hans-Ulrich Kroszewski setzte dem Bähnel 2009 mit einer Monografie ein Denkmal. Viele Bahnhofshäuser wurden zu Wohnhäusern umgestaltet. Aus der gemütlichen alten Bahnzeit ist nur noch der alte Güterbahnhof geblieben, mittlerweile kommerziell genutzt. Das heutige Hauptgebäude wurde nach dem Zweiten Weltkrieg neu errichtet.

Adresse Alter Güterbahnhof, Bahnhofstraße 41, 67346 Speyer | ÖPNV S-Bahn oder Busse 564, 565, 567, 568, Station Hauptbahnhof, von dort wenige Gehminuten | Tipp Die Bahnstrecke über die Schiffsbrücke Richtung Heidelberg ist noch auf alten Fotografien im Brückenmuseum zu sehen.

4 Der Alte Hafen

Die pfälzische »Hafen-City«

Auch Speyer hat seine Hafen-City – ausgerechnet im ältesten Hafenteil, dem Alten Hafen. Dort müssen schon die Römer nahe der Mündung des Speyerbachs mit ihren Schiffen angelandet sein. Heute verfügt Speyer außerdem über zwei Becken für die Großschifffahrt, eine Lände für die Personenschifffahrt (Stromhafen) sowie das Gewerbegebiet am neuen Hafen. Ein mittelalterlicher Hafen wurde bei Grabungen an der Steingasse gefunden. Die erste Zeichnung eines Hafens an der Stelle des heutigen Yachthafens stammt aus dem Jahr 1750. Rund 100 Jahre später war das Areal mit dem Eisenbahnnetz verbunden. Nach den Kriegszerstörungen wurden die Hafenbecken bis 1953 in ihrer heutigen Form neu aufgebaut.

Um das Jahr 2000 wurde der Alte Hafen als Wohnrevier mit hanseatischem Flair entdeckt. Fünf Stadtvillen mit Rheinblick und Yachtliegeplatz sind entstanden. Wärme wird aus Photovoltaik und durch Wärmetauscher am Abwasserkanal gewonnen. Das Abwasser verlässt die Haushalte mit einer durchschnittlichen Temperatur von 26 Grad Celsius. Im Kanal hat es je nach Jahreszeit eine Temperatur von 12 bis 18 Grad. Der große Kanal, der nahe am Neubaugebiet verläuft, führt rund 250.000 Liter Abwasser pro Stunde. In ihn wurde ein gigantischer Wärmetauscher eingebaut, dessen kaltes Wasser sich am Abwasser erhitzt und so zu den Wärmepumpen der Häuser gelangt.

Unter den Terrassen und Balkonen bieten 150 Liegeplätze kurz- und langfristige Parkgelegenheiten für Boote bis etwa zwölf Meter Länge. Eine Eigentümergemeinschaft kümmert sich um die Vermietung und den Verkauf einzelner Plätze. Denn wer mit dem Schiff in die Domstadt kommt und hier nächtigen möchte, für den gibt es kaum eine zentralere Übernachtungsmöglichkeit. Brauch- und Trinkwasserzapfstelle sowie 230V-Stromanschlüsse sind vorhanden. Das Sealife Aquarium liegt genau gegenüber, und der Dom schaut hinter den Bäumen hindurch.

Adresse Im Hafenbecken, 67346 Speyer | ÖPNV Bus 567, Station Hafenstraße |
Tipp Das Wohnviertel macht Schule. In seiner nördlichen Verlängerung entsteht das Neubauviertel »Am Fluss«.

5 Das alte Schöpfwerk

Stadtretter im Verborgenen

Hochwasser ist in Speyer seit jeher ein Thema. Nicht allein durch außerordentliche Niederschläge und Schneeschmelzen, auch durch menschengemachte Veränderungen wie Rheinbegradigung, Flächenversiegelung, Deichbau und das Errichten von Staustufen hat die Hochwassergefahr zugenommen. Ein extremes Hochwasser wie 1882 oder 1815, als die gesamte Rheinniederung überflutet war, würde heute verheerende Schäden anrichten. Das Land Rheinland-Pfalz reagierte darauf mit dem Bau von steuerbaren Hochwasserrückhaltungen und Poldern sowie mit der Rückverlegung von Deichen. Die Rheinhauptdeiche werden ausgebaut, ebenso wie in angrenzenden Gebieten Frankreichs und Baden-Württembergs. Ziel ist der Schutz vor einem Hochwasserpegel, wie er statistisch alle 200 Jahre auftritt.

Seit Langem nutzt man in Speyer Schöpfwerke, deren schönstes und ältestes im Domgarten liegt. Das Pumpwerk von 1927 entlastet den an dieser Stelle unterirdisch verlaufenden Speyerbach, den Hilgard- und den Fischergraben. Denn unter der Erde hat Speyer etwas von Venedig.

Der Hilgardgraben entlastet den Speyerbach und wird seinerseits vom Fischergraben entlastet, welcher das Stadtgebiet südlich der B39 entwässert. Bei einem Rheinpegel von viereinhalb Metern wird über eine Druckleitung aus dem Fischergraben Wasser in den Hilgardgraben gepumpt, um so einen Rückstau in die Stadt zu vermeiden. Die Gräben lassen sich durch Schütztafeln verschließen. Dabei gewährleistet das Pumpwerk für den Speyerbach mit 15 Kubikmetern pro Sekunde einen Haltewasserspiegel von 96,60 Metern über dem Meeresspiegel gegen einen Rhein-Außenwasserspiegel von 97,80 Meter Höhe. Das entspricht einem 200-jährlichen Hochwasser - nach Ansicht mancher Anwohner reicht dieser Schutz allerdings noch nicht. Auf der Westseite des alten Pumpgebäudes wurde 2003 ein neues Schachtpumpwerk samt Rechen und automatischer Reinigungsanlage angebaut.

Adresse Unterer Domgarten (am besten erreichbar über Klipfelsau oder Schillerweg), 67346 Speyer | ÖPNV Busse 464, 465, Station Festplatz | Tipp Ein weiteres Pumpwerk liegt am Hauptdeich an der Einmündung des Franzosengrabens in den Angelhofer Altrhein; es lässt sich gut vom Deich-Fahrradweg aus sehen.

6 Der Altpörtel-Kerker

»Peinliche Befragung« im Stadttor

Im Mittelalter besaßen mehrere Stadttore eigene Kerkerräume. Derjenige im Altpörtel wird heute noch auf Spezialführungen gezeigt. Er liegt zu ebener Erde im linken Fuß des Torturms, stadtauswärts gesehen. Allerlei fiese Zangen für »peinliche Befragungen« hängen sauber aufgereiht an der Wand. Lebenslänglich fristete jedoch niemand hier sein Dasein.

Das Altpörtel ist der einzige von ehemals 68 oder sogar 71 Türmen der Speyerer Stadtmauer, der bis heute noch gut erhalten ist. Als die ganze übrige Stadt im Jahre 1689 in Flammen aufging, befand sich eine französische Garnison in so großer Nähe, dass die Feinde fürchten mussten, selbst mit in die Luft zu fliegen, wenn sie das alte Tor anzündeten. So blieb es verschont. Und doch wurde bei der jüngsten Restaurierung noch im 20. Jahrhundert eine Kammer voller Sprengstoff aus dieser Zeit entdeckt, die über Jahrhunderte verschlossen geblieben und übersehen worden war! In aller Seelenruhe war das Leben rings um die unentdeckte Sprengstoffkammer weitergegangen.

Mit 55 Meter Höhe ist das Altpörtel eines der höchsten und spektakulärsten Stadttore Deutschlands. Im Jahre 1176 als »vetus porta« erstmals erwähnt, ist es bis heute aus der Stadtsilhouette nicht wegzudenken. Das obere Geschoss mit Galerie wurde zusammen mit dem Walmdach und dem Dachreiter im Jahr 1511 ergänzt. Im Stadtarchiv lässt sich der Geschichte aller Stadtmauertürme genauer auf den Grund gehen. Einige wurden nach Zünften benannt, deren Quartiere sich aber nicht zwangsläufig in der Nähe befanden, andere nach Tieren. Neben dem inneren Stadtmauerring mit seinen Türmen umgaben weitere Mauern mit Türmen die Vorstädte Gilgenvorstadt, Altspeyer und Hasenpfuhl, um nur einige zu nennen. Außen am Altpörtel hängt noch das Speyerer Stadtmaß, denn jede Handelsstadt war stolz, ihre eigene Maßeinheit zu besitzen – zum Verdruss der auswärtigen Kaufleute.

Adresse Maximilianstraße 54, 67346 Speyer | ÖPNV Busse 562, 563, 564, 565, Station Postplatz | Öffnungszeiten nur zu Führungen, buchbar über die Tourist-Information, Tel. 06232/142392 | Tipp Eine andere Art von »lebenslänglich« haben Paare vor Augen, die sich ein paar Stockwerke höher im selben Bauwerk das Jawort geben – mit wunderbarem Blick über Dom und Maximilianstraße.

7 Das Archäologische Schaufenster

Wie macht man aus einem Kuhdorf eine Metropole?

Ein Schaufenster bietet in der Gilgenstraße Einblick in die Arbeit der Landesarchäologie der »Generaldirektion Kulturelles Erbe Rheinland-Pfalz«. Hier können die Ergebnisse der neuesten Forschungen und Grabungen in der Pfalz auf sehr überschaubarem Raum kostenlos betrachtet werden – die ideale Therapie gegen Museumsphobie. Beeindruckend ist, in welch kurzer Zeit umfangreiche Funde sichergestellt werden konnten. Im Jahre 2006 wurde das Archäologische Schaufenster eröffnet. Auf dem Vorplatz ist eine fränkische Bestattungsanlage nachgebildet, mit einer Stahlplatte als Grabhügel. Zu sehen sind neben ausgewählten Funden auch 3D-Modelle und Rekonstruktionszeichnungen zum früheren Leben in der Stadt.

Speyer genoss in römischer Zeit Bedeutung und konnte sich seine Stellung bis in die Spätantike bewahren. Aber wie ging die Entwicklung danach weiter? Wie sah die karolingische Stadt aus? War es wirklich ein »Kuhdorf«, wie oft behauptet, aus dem die Salier nach 1024 mit einem Mal eine prachtvolle und mächtige Stadt mit einer der größten Kathedralen der Welt formten?

Für die Zeit um 800 lassen sich im Bereich der Kernstadt die ersten Kirchenbauten nachweisen. Andere Siedlungsspuren fanden sich hingegen nur wenige. Doch außerhalb der römischen Stadtmauern entstanden kleine, dorfartige Ansiedlungen, in denen Handwerk und Handel gediehen. Nach 1024 änderte sich dieses Bild. Die salischen Herrscher bauten die Stadt innerhalb nur weniger Jahrzehnte zu einem Herrschaftszentrum aus. Das bedeutete, dass auch die städtische Infrastruktur durch die Errichtung neuer Stadtmauern, die planvolle Anlage neuer Straßenachsen und die Gründung von Klöstern einen Aufschwung erfuhr. Am Ende der salischen Epoche war Speyer – wie durch ein Wunder – die »metropolis germaniae«.

Adresse Gilgenstraße 13, 67346 Speyer | ÖPNV Bus 562, Station Bartholomäus-Weltz-Platz | Öffnungszeiten Sa und So 11–17 Uhr, Führungen Tel. 06232/675740 | Tipp In der Nähe lädt der »Hof der Sinne« samt urigem Kellergewölbe zu Speis und Trank ein. Wer möchte, kann auf Seminaren alles zu Fleischgenuss und -zubereitung lernen.

8 Die Auferstehungskirche

Labor Zukunftskirche

»Jenseits von richtig und falsch liegt ein wunderbarer Ort. Dort treffen wir uns.« Diese Worte des persischen Mystikers Jalal ad-Din Rumi wählte die Auferstehungsgemeinde, jüngste Gemeindegründung Speyers, zu ihrem Motto. Meditation, Gebet und Spiritualität heißen die Schwerpunkte ihrer Arbeit. Die christliche Form der Meditation heißt Kontemplation. Inzwischen wurde sie in verschiedenen Gemeinden wiederentdcckt und neu belebt.

Inspiriert auch von nichtchristlichen Ansätzen, findet sich diese Wiederannäherung an die verlorene christliche Kontemplation hier etwa in Angeboten zur Einübung von Achtsamkeit, Freude und Körperbewusstsein, etwa Yoga am Morgen, Pilates, Qi Gong oder Zen-Meditation. Im Sommer finden Gottesdienste und Veranstaltungen auch im Freien statt, im Garten um das Kirchen- und Gemeindegebäude. Sehenswert ist der ursprünglich wirkende, separate Holz- und Stahlturm neben dem Ensemble.

Der Gemeinderaum besteht gefühlt nur aus Licht, ohne jeden Schnickschnack, fast wie eine Kunstinstallation aus Glas. Auch Nichtchristen sind willkommen. Arabischsprachige Christen halten wöchentlich einen evangelischen Gottesdienst im Gebetssaal ab. Dem Beauftragten für Christen anderer Sprache und Herkunft, Pfarrer Dr. Arne Dembek, ist es ein Anliegen, ein neues Modell für die Landeskirche zu begründen. Die Auferstehungskirchengemeinde ist ein anerkannter Erprobungsraum zur Gemeindeentwicklung in der Evangelischen Kirche der Pfalz. »Kirche ohne Mauern« ist ein Versuch, Glaube auf eine zukunftsfähige, undogmatische und den Menschen zugewandte Weise zu leben.

Das Einzugsgebiet der Gemeinde umfasst die Stadtteile Neuland, Vogelgesang und die Sankt-Markus-Vorstadt. Den Weg hierher zu finden, ist nicht ganz einfach. Aber das ist der eingangs zitierte Weg des Mystikers Rumi auch nicht.

Adresse Am Renngraben 2g, 67346 Speyer | ÖPNV Bus 562, Station Russenweiher, zu Fuß am Russenweiher entlang | Öffnungszeiten Gottesdienste So 10 Uhr, in arabischer und deutscher Sprache So 15 Uhr | Tipp Der Russenweiher bietet zu jeder Jahreszeit schöne Fotomotive mit Vegetation und Wasservögeln.

9 Der Axtmörder-Rundgang

Gruseln garantiert

Zur Nachkriegszeit herrschten in Speyer Armut und beengte Wohnverhältnisse, auch wegen Tausender Heimatvertriebener. Zeitweise gab es zehn Lager für Wohnungssuchende. In diesen schwierigen Zeiten spielte sich in der Altstadt im Oktober 1947 ein grausiger Axtmord ab: Aus Eifersucht hieb der Viehkastrierer Edmund Balthasar seiner Lebenspartnerin Johanna die Axt durch den Schädel, zerlegte sie in ein Dutzend Teile und karrte diese heimlich des Nachts auf dem Leiterwagen fort nach Berghausen zum Verscharren. Den Nachbarn erzählte er, seine Freundin sei mit einem französischen Liebhaber durchgebrannt. Das Ganze flog erst auf, als sich eine Freundin der Ermordeten wunderte, dass diese ihr nicht die geliehenen Schuhe zurückgegeben hatte. Denn für einen Aushilfsjob in einer Kneipe hatte Johanna sich regelmäßig ein Paar guter Schuhe von der Freundin geborgt – und bisher jedes Mal gewissenhaft wieder zurückgebracht. »Der Balthasar, der Balthasar, der frisst das Herz vun seiner Fraa …«, dichtete schon bald der Volksmund.

Der Hof, an dem der Mord geschehen sein soll, besteht heute noch; auf einer Themenführung kann man ihn sich von Stadtführer Ludwig Ofer zeigen lassen. Ofer hat alle Schauplätze dieses Krimis recherchiert und daraus einen Rundgang zusammengestellt. Mit dramaturgischem Talent macht er die einzelnen Stationen erlebbar: das Dachstübchen, in dem die junge Frau wohnte, bevor sie ihren späteren Mörder kennenlernte, die Kneipe, in der sie bediente, in unseren Tagen die Gaststätte »Götz von Berlichingen«, die gemeinsame Unterkunft in einem Hinterhaus und die Untersuchungshaft neben dem heutigen Amtsgericht. Autor Peter Schmidt schrieb den Roman »Bella Marie« und die Dokumentation »Und es war doch Mord!« darüber. Dort liest man auch von weiteren grausigen Speyerer Morden.

Balthasar soll übrigens nach 15 Jahren entlassen worden und mit neuer Identität nach Norddeutschland verzogen sein.

Adresse Herdstraße 3, 67346 Speyer, Führung bei Ludwig Ofer, Tel. 06232/95308 | **ÖPNV** Busse 564, 565, 568, Station Maximilianstraße | **Tipp** In der Herdstraße 18 erinnert eine Tafel daran, dass der Gelehrte Friedrich Magnus Schwerd hier gewohnt hatte. Er hatte eine eigene Sternwarte im Garten.

10 Die Bankenvillen

Bewacht von einem Einhorn

In die bayerische Zeit Speyers mit ihrem Bauboom gehört die Villa des Brauerei-Inhabers Christian Sick. 1833 geboren, übernahm er die Brauerei »Zum Storchen« und baute einen Betrieb in der Oberen Langgasse auf, der noch heute den Speyerern in Erinnerung ist. 1882 beauftragte Sick den Architekten Heinrich Jester damit, eine Villa im Stil der Neorenaissance für ihn zu errichten. Im Jahr 1885 wurde sie fertiggestellt, samt Wagenremise und Pferdestall. Sick starb bereits vier Jahre später. Die Villa ging 1916 an die Pfalz-Flugzeugwerke, 1933 an die Reichsbank und später die Landeszentralbank Rheinland-Pfalz. Im Jahre 1990 wurde der Bankbetrieb in einen modernen Erweiterungsbau verlegt und die alte Villa behutsam restauriert. Dabei kamen eine kunstvolle Kassettendecke im Erdgeschoss sowie Reste von Fresken im Obergeschoss zum Vorschein. Heute nutzt die Volksbank Kur- und Rheinpfalz das Gebäude für Büroräume.

Auch die benachbarte Villa Körbling wird heute von der Bank genutzt. Sie wurde 1912 für den Speyerer Augenarzt Eberhard Körbling und seine Ehefrau Anna vollendet. Der Entwurf stammt von Architekt Karl Barth. Kunsthistoriker ordnen den Bau dem Späthistorismus zu, mit Elementen des Jugendstils, etwa bei den ovalen, geschwungenen Ornamenten. Die Gartenfassade erhielt Loggia und Balkon, sie ist etwas schlichter als die Straßenfassade.

Drei Generationen lebten in der Villa. Über viele Jahre waren auch die Arztpraxen der Inhaber darin untergebracht. 1945 bis 1947 beschlagnahmte die französische Militärregierung das Haus; noch bis 1960 wurden Offiziere und ihre Familien darin einquartiert. 2011 erwarb die Vereinigte VR Bank Kur- und Rheinpfalz das Gebäude. Nach einer denkmalgerechten Sanierung wurde es 2015 wiedereröffnet als Abteilung für Private Banking. Eine Einhorn-Skulptur von Gernot Rumpf bewacht den Vorgarten der Bankenvillen.

Adresse Bahnhofstraße 15 und 17, 67346 Speyer | **ÖPNV** Busse 507, 562, 563, 564, 565, 568, 572, Station Postgraben | **Tipp** Gegenüber, an der alten Stadtmauer, kann man sich in einer kleinen feinen Grünanlage die Füße vertreten.

11 Der Berghäuser Altrhein

Amazonien in Rheinland-Pfalz

Rund um Speyer bieten die Altrheinarme naturnahe Erholungsgebiete. Nördlich der Stadt liegt der Angelhofer, südlich der Berghäuser Altrhein. Die Ufer samt ihren Inseln sind noch vom ehemaligen Flusslauf vor der Rheinbegradigung im 19. Jahrhundert übrig geblieben. Auf der Höhe der Ortsgemeinde Berghausen/Römerberg bildet der Rhein die Landesgrenze zwischen Baden-Württemberg und Rheinland-Pfalz. Der Berghäuser Altrhein mit seinen vielen Verästelungen wird umgeben von einem Grüngürtel, der zum Teil als Schutzgebiet ausgewiesen ist; vielerorts darf dennoch geangelt werden. Besonders im vorderen Teil, an der Verbindung zum Rhein, gibt es Vorkommen von Weißfischen, Zandern, Barschen, Hechten, Karpfen und Schleien.

Zwischen Speyer und Germersheim erstrecken sich weitere Auenwälder und Altrheinarme. Per Fahrrad oder Kanu erlebt man in dieser amphibischen Landschaft einen neu verwilderten »Urwald«, denn als solche gelten Auwälder. Im »Pfälzer Urwald« haben selten gewordene Vögel, Schmetterlinge oder Käfer, Fische und Amphibien sich einen natürlichen Lebensraum zwischen Überschwemmung und Trockenzeiten zurückerobert. Wertvoll ist etwa die Wilde Weinrebe. Purpurweide, Aspen und Schwarzpappeln gedeihen prächtig. In höher gelegenen Auwäldern, der sogenannten Hartholzaue, kommen Stieleichen und Feldahorn hinzu. Dank Feuchtigkeit speichernder Moosschichten auf dem Gehölz leben hier viele vom Aussterben bedrohte Tierarten. Naturbeobachter freuen sich beispielsweise über Bestände von Schwalbenschwanz, Laubfrosch oder Kormoran. Im benachbarten Landkreis Germersheim erhielt die Auenlandschaft das europäische Landschafts-Prädikat »Natura 2000«.

Besonders viel lässt sich sehen auf einer geführten Baum- oder Kräuterwanderung durch die Auenwälder, per pedes oder auf dem Fahrrad. Im Angelhäuser und Otterstädter Altrhein gibt es zahlreiche Wassersportmöglichkeiten.

Adresse Alte Rheinhäuser Straße, 67346 Speyer | Anfahrt B39, Ausfahrt SP-Vogelgesang/Diakonissen, im Kreisverkehr 1. Ausfahrt, nach 550 Metern wieder 1. Ausfahrt, nach 450 Metern rechts auf Rheinhäuser Straße, dann leicht rechts auf Alte Rheinhäuser Straße und bis zum Ufer | Tipp Wer mit dem Boot unterwegs ist, kann im Sommer an der Skipper-Gaststätte des Yachtclubs Otterstädter Altrhein (YCOA) anlegen und mit Wald-Wasser-Ambiente speisen.

12 Die Bernhardskirche

Für den Weltfrieden

Kaum eine deutsche Stadt wurde über die Jahrhunderte stärker durch die deutsch-französischen Kriege in Mitleidenschaft gezogen als Speyer. Und genau deshalb liegt in der Stadt eine wichtige Basis für die deutsch-französische Freundschaft. Großen Anteil daran hat der Neubau der Bernhardskirche von 1953. Kunsthistorisch ist er ein Unikat und steht unter Denkmalschutz. Die Wirkungsstätte des heiligen Bernhard, das Reformkloster Cluny in Burgund, strahlte gleichermaßen ins westliche Stauferreich wie ins französische Königreich aus. Damit schien er ein geeigneter Patron für die deutsch-französische Aussöhnung. Weihnachten 1146 zu Gast in Speyer, rief er im Dom Volk, Adel, König Konrad III. und dessen Neffen, den späteren Kaiser Friedrich Barbarossa, erfolgreich zum Kreuzzug auf. Heute könnte ein Aufrufer zum Kreuzzug sicherlich nicht widerspruchslos zum Friedensapostel berufen werden.

1953 bis 1954 wurde die Kirche nach Plänen des Speyerer Architekten Ludwig Ihm erbaut. Romanische Bögen, Cluny nachempfunden, schwingen sich in mehreren Reihen übereinander. Der Campanile steht unabhängig neben dem Kirchenschiff. Damit erinnert das Bauwerk an das byzantinisch beeinflusste Ravenna des 6. Jahrhunderts. Der Bau wurde gleichermaßen von deutscher wie französischer Seite finanziert. Die neue Kirche wurde zur Begräbniskirche des Domkapitels, auf dessen Friedhofsgelände sie steht.

Eine wichtige Rolle für eine Versöhnung mit Deutschland spielte auch die im Frankreich des Zweiten Weltkriegs gegründete Pax-Christi-Bewegung. In ihrer Krypta erhielt die Bernhardskirche daher eine Pax-Christi-Kapelle, bis heute ein spirituelles Zentrum französischer Katholiken. Erde von den Schlachtfeldern der beiden Weltkriege wird zum Gedenken an deren Opfer aufbewahrt. Am 23. August 1953 wurde der Grundstein in Anwesenheit von Bundeskanzler Adenauer gelegt. Heute gehört die Kirche zur Dompfarrei.

Adresse Friedenskirche Sankt Bernhard, Hirschgraben 3, 67346 Speyer | ÖPNV Bus 567, Station Adenauerpark | Öffnungszeiten So 11 Uhr Heilige Messe, Mi 18 Uhr Friedensmesse | Tipp Im ehemaligen Pfarrhaus residiert der Orden der Spiritaner, Nachfolger des mittelalterlichen Sankt-Guido-Stifts, das sich auf dem Hügel gegenüber befand.

13 Die Berzel-Brezel

Nichts geht ohne sie

Die Brezel ist ein Wahrzeichen Speyers; und der Familienbetrieb Berzel steht für die »Speyerer Brezel« schlechthin. Das ist kein Tippfehler, eher schon Sprachfügung. Denn Berzel ist ein alter Speyerer Name. Davon zeugt auch der schön renovierte, alte Berzelhof in der Tränkgasse mit Weinlounge und Blumenladen. Man kann von Glück sprechen, dass der Traditionsbetrieb Berzel in der Lauergasse der Altstadt heute noch besteht und auch noch immer in Familienhand ist. Wer Lust auf eine Speyer-Brezel hat, findet das begehrte Gebäck in einem der Brezelhaisel in der Innenstadt (Kaufhof, C&A, Stadthaus, »Nordsee«). Außerdem und zu besonderen Anlässen flitzen Brezel-Mobile auf drei Rädern auch dorthin, wo kein Transporter durchkommt.

Dass sich Patrick Blau, der neue »Brezelbu«, überhaupt bereitgefunden hat, die Leitung von Großvaters Bäckerei von 1964 unter hartem Konkurrenzdruck durch Großbäckereien auf sich zu nehmen, ist allein schon ein kleines Wunder. Denn am 31. März 2016 sollte aus altersbedingten Gründen sprichwörtlich der Brezel-Ofen ausgehen. Doch die Speyerer konnten sich einen Einkaufsbummel ohne ihre Berzel-Brezel einfach nicht vorstellen. Es gab einen medial dokumentierten Aufschrei. Und so entschied sich der Enkel des Gründers weiterzumachen. Das ist für ihn Ehrensache: »Heute finden Sie halb gebackene, tiefgefrorene Teiglinge beinahe in jedem Supermarkt. Für ein paar Cent werden die irgendwo auf der Welt vorproduziert und später nur kurz im Ofen aufgebacken«, klagt er. »Man hat mir angeboten, die Brezel geschmacklich genauso wie das Original irgendwo im Ausland vorzuproduzieren, jedoch viel günstiger. Aber ich frage Sie: Wäre das dann noch unsere echte Speyerer Brezel? Für mich nicht!« Also kommt bis heute die Berzel-Brezel aus Speyer, täglich frisch und ohne Konservierungsstoffe. Und schmeckt den Speyerern nach wie vor besser als Massenware.

Adresse Lauergasse 6, 67346 Speyer | **ÖPNV** Bus 567, Station Eselsdamm | **Öffnungszeiten** Mo–Fr 5.30–12 Uhr, Sa 8–12 Uhr | **Tipp** Ein »Speyerer Brezelbu« wurde auf dem Königsplatz-Brunnen und ein weiterer am Dom-Westportal in Stein verewigt.

14 Der Bibelgarten

Die Natur als Gleichnis

Das Wort »Paradies« bedeutet »Garten«. Der Garten ist eine der ältesten menschlichen Kulturleistungen. Warum man also nicht schon früher auf die Idee gekommen ist, neben der Kirche einen Bibelgarten anzulegen, ist fast schon verwunderlich. Gärten voller Pflanzen, die in der Bibel erwähnt werden, sind beliebt bei katholischen wie evangelischen Kirchengemeinden. Bis zu 230 Pflanzensorten könnte ein solcher Garten enthalten – sofern sie im sonnigen Speyer gedeihen: vom Weinstock über das Weizenkorn bis zu den nicht näher bezeichneten »Blumen auf dem Felde«. Wer in seinem Gedächtnis stöbert, dem mögen noch Feigenbaum, Dornbusch, Palmzweig, Zypresse, Schilfrohr, Senfkorn oder Tamariske einfallen. Aber auch Nutzpflanzen wie Zwiebeln, Knoblauch, Kräuter oder Gewürze wie Kreuz- und Schwarzkümmel werden in der Bibel erwähnt. In einem Bibel-Pflanzenbuch lässt sich das nachschlagen. Es gibt sogar eine Gesellschaft für Bibelgärten.

Der Garten neben der Dreifaltigkeitskirche enthält viele Pflanzen, die auch auf den barocken Fresken im reichhaltig ausgeschmückten Inneren der Kirche dargestellt werden. Angelegt wurde er auf Initiative von Pfarrerin Christine Gölzer. Mittlerweile gedeihen Bäumchen und Kräuter.

Die ersten Bibelgärten entstanden in den USA in den 40er Jahren des vorigen Jahrhunderts. In Deutschland kamen sie erst in den 1990er Jahren auf. Wie viele es heute gibt, kann nur geschätzt werden. Sie veranschaulichen viele Pflanzen, die im Alten und Neuen Testament für Vergleiche herangezogen werden. Weiß man etwas über diese Pflanzen und ihre symbolische Bedeutung, wird so mancher Bibeltext unmittelbar verständlich. Die größte Freiluftpflanzung biblischer Gewächse Mitteleuropas findet sich übrigens im nicht weit entfernten Sankt Martin an der Weinstraße neben der katholischen Kirche. Dort gedeihen sogar Exoten wie Aloe, Akanthus, Weihrauch, Mastix, Lorbeer oder Malve.

Adresse Große Himmelsgasse 4, 67346 Speyer | ÖPNV Busse 564, 565, 568, Station Dom/Stadthaus | Öffnungszeiten Mi und Sa 10.30–16 Uhr, Fr und So 10–17 Uhr | Tipp Die Dreifaltigkeitskirche bietet eine wundervolle Holz-Innenausstattung mit zweistöckiger Galerie, inklusive Kanzel und kostbarer Bemalung.

15 Die Bibliothèque Française

Vive l'amitié!

Immer wieder war Speyer französisch. Und so zeigen sich viele Facetten der deutsch-französischen Geschichte im Stadtbild, unter anderem in der französischsprachigen Bibliothek, der bedeutendsten ihrer Art in Deutschland. Die Bibliothèque française im Haus der Vereine steht allen offen, die sich über Frankreich, französische Literatur und Kultur informieren wollen. Ihr Bestand umfasst rund 6.700 Medien in französischer Sprache. Dazu zählen landeskundliche Bücher, Literatur, Lernmedien, Biografien, Kinder- und Jugendliteratur sowie DVDs. Doch die französische Welt wirkt auch weit über das Reich der Bücher hinaus; Lesungen, Vorträge, Filmabende und Lesesamstage festigen das Interesse am Nachbarland.

Im Gebäude der Bibliothek in der Rulandstraße wurden quasi Schwerter zu Pflugscharen. 1945 zogen in die Kasernenhäuser der Bayern französische Besatzungssoldaten ein, es entstand das »Quartier Normand«.

Bereits vor der deutschen Kapitulation war Speyer wichtig für die Franzosen. Über die hiesige Schiffsbrücke setzten sie ab März 1945 über nach Baden-Württemberg. Im Sommer 1945 kam Charles de Gaulle persönlich nach Speyer, um die Schiffsbrücke zu inspizieren. Die Stadt wurde Ausbildungszentrum für französische Pioniere. Im Gedächtnis der Speyerer blieb auch das »exotische« Aussehen des 1. Spahi-Regiments aus dem französischen Nordafrika haften. Das anfänglich distanzierte Verhältnis zu den Soldaten lockerte sich, als diese ab 1967 auch in Zivil ihre Kasernen verlassen durften. So konnten sich Freundschaften entwickeln. Die Lehrerin Catherine Paysan, die 1946–48 ihren Dienst in Speyer versah, schreibt in ihrem Roman »L'amour là bas en Allemagne« (2008) von einer deutsch-französischen Liebe. Derweil wurden die Franzosen fester Bestandteil der städtischen Feste. Erst im Jahr 1997 verließ das 10. Pionierregiment Speyer. Seither werden auch die letzten Kasernen in Wohnungen konvertiert.

Adresse Haus der Vereine, Rulandstraße 4, 67346 Speyer | ÖPNV Busse 562, 568, Station Else-Krieg-Straße | Öffnungszeiten Sa 10–13 Uhr | Tipp Das Manuskript zu Paysans Roman schenkte die Autorin dem Speyerer Stadtarchiv.

16 Das Binsfeld

Seenplatte und Amphibienlandschaft

Eine regelrechte Platte von acht Seen liegt um den Binshof nördlich von Speyer. Während der Sonnen-, der Mond- und der Silbersee an Romantik denken lassen, wecken der Gänsedreck-Weiher und der Biersiedersee eher nüchterne Assoziationen. Die drei größten Seen, Binsfeld, Kuhunter und Gänsedrecksee, sind miteinander verbunden. Der etwas kleinere Speyerlachsee war früher Teil des Altrheins. Nicht an jedem Baggersee in diesem Landschaftsschutzgebiet ist Wassersport erlaubt. Während das Binsfeld und ein Teil des Gänsedrecksees zum Baden ausgezeichnet sind, genießt im zu Otterstadt hin gelegenen Teil des Gänsedrecksees Naturschutz Vorrang, das Areal ist ein beliebtes Rast- und Brutgebiet für verschiedene Vogelarten. Der Silbersee ist an den Windsurf-Club Speyer vermietet.

Zwischen lichten Bäumen sind ab dem Frühjahr Sonnenhungrige, Picknicker und Badegäste anzutreffen. Nach Jahrzehnten der Kiesgewinnung wird das weitläufige Gelände auch für die Bewirtschaftung von Feldern und Kleingärten genutzt – und als Fußballplatz für den Tura Otterstadt. Auch Wohnsiedlungen verstecken sich inmitten der »Seenplatte«. In den 30er Jahren des 20. Jahrhunderts entstanden, mussten sie lange ohne fließendes Wasser und Strom auskommen. Bis heute genießen Natur- und Landschaftsschutz in diesem Gebiet einen hohen Stellenwert.

Auch der zentral gelegene See samt Badestrand wird »Binsfeld« genannt. Das erklärt sich aus der Historie: Bevor hier Kies abgebaut wurde, bestand die Gegend aus sumpfigen Wiesen, die mit Binsen bestanden waren. Im nördlichen Bereich lag das Gehöft Binshof, auf dessen Gelände heute ein Luxus-Spa steht. Nördlich des Wellnesshotels existiert noch ein aktiver Bauernhof. Im angrenzenden Auengebiet Angelhofer Altrhein besteht ein Bundeswehr-Gelände, früher von den Franzosen genutzt.

Adresse 67346 Speyer-Binshof | Anfahrt von der A61 am Kreuz Speyer auf die B9 Richtung Ludwigshafen, nächste Ausfahrt Otterstadt nehmen und Speyerer Straße (K1) an Otterstadt vorbei folgen, 1. Weg rechts führt zum Lindner Hotel Spa Binshof, ein weiterer zum kostenpflichtigen Badeparkplatz | Tipp Am Sonnensee, Nähe Hundestrand bietet der »Kiosk zum Seeblick« ein Imbiss-Angebot mit schönem Blick aufs Wasser.

17 Der Birnbaum-Methusalem

Von Ribbeck im Rinkenberger Hof

Nördlich des Ortsteils Rinkenbergerhof, in der Rinkenberger Hecke, steht ein vielfach vernarbter, fast 150 Jahre alter Birnbaum, der mittlerweile keine Früchte mehr trägt. Dem Verzeichnis der Naturdenkmäler zufolge stammt er noch von vor 1880. Damit könnte er aus der Zeit stammen, als Theodor Fontane sein berühmtes Gedicht über den Birnbaum und den großzügigen Herrn von Ribbeck auf Ribbeck im Havelland (1889) schrieb. Der echte Ribbecksche Birnbaum in Brandenburg fiel wohl 1911 bei einem Sturm und wurde mittlerweile ersetzt. Übrigens lebte der historische Gutsherr Hans Georg von Ribbeck, das Vorbild für Fontanes Gedicht, bereits Anfang des 18. Jahrhunderts, die Geschichte ist also noch viel älter. Vor dem noch erhaltenen Schloss Ribbeck, 30 Kilometer vor Berlin, wächst heute wieder ein junger Birnbaum.

Selbst viele Rinkenberger sind sich des Alters des Solitär-Baums im Feld vor ihren Häusern nicht bewusst. Man sieht dem gerade gewachsenen Riesen an, wie viele seiner Äste gekappt wurden. Manche Wunden sind wulstig vernarbt. Metallstifte wurden in den Stamm getrieben, um ihn zu stabilisieren, denn er ist in zwei Hälften gespalten. Betrachtet man die verhältnismäßig viel zu kleine Baumkrone und den nach oben gekürzten Stamm, offenbaren sich weitere Maßnahmen, um den Baum vor Stürmen und Blitzeinschlag zu schützen. Und dennoch lebt er und treibt jedes Jahr schöne Birnbaumblätter aus!

Rinkenbergerhof im Norden Speyers lohnt sich auch sonst für einen Spaziergang. Alte Bauernhöfe und ehemalige Häuser für Waldarbeiter träumen vor sich hin. Reiterinnen lieben den Ort und sein Gestüt, Pferde sind ein häufiger Anblick. Ein Steinkreuz aus dem Jahr 1616 nahe der Straße nach Schifferstadt erinnert an eine verschwundene Laurentiuskapelle: »Warzeig Des Lorentz Heisels« war ursprünglich eingraviert, als es noch auf der mittlerweile abgetragenen Sanddüne Lorenzenberg stand.

Adresse Laurentiusweg, 67346 Speyer | Anfahrt B9, Ausfahrt Rinkenbergerhof, links Richtung Rinkenbergerhof, rechts in den Rinkenbergerweg, wieder rechts in den Laurentiusweg, von diesem aus wird links im Feld der Baum sichtbar | Tipp Die 1875 gegründete »Landwirtschaftliche Untersuchungs- und Forschungsanstalt« im Ort untersucht Saatgut, Böden und Dünger. Koryphäen wie Max Kling und Otto Siegel haben an ihr geforscht.

18 Die Braumanufaktur

Speyer schmeckt »schwarz«

Fast 100 Jahre nach der Fusion der beiden Speyerer Traditionsbrauereien Schwartz und Storchen 1921 gründeten drei Speyerer Jungs eine moderne Brauerei. Stephan Michael Doerr, Valentin Leibig und Simon Rochus Hien brauten bereits 2016 hobbymäßig Bier und befanden ihre ersten Versuchsergebnisse für »erstaunlich gut«. Das Ganze beruhte auf einer Schnaps-, Pardon Bier-Idee zum 500. Geburtstag des deutschen Bier-Reinheitsgebots von 1516, immerhin das älteste Lebensmittelgesetz der Welt. Nach viel Recherche wurde der erste Sud angesetzt. Dann packte die Hobbybrauer das »Braufieber«. 2017 kreierten sie »Black Stork« als Marke. Es wurde experimentiert und an den Rezepten gefeilt. 2019 startete Black Stork zunächst über die sozialen Medien. Das Release-Bier hieß »Domweiss«. 2020 gründeten die jungen Brauer eine GbR, seither wird das Bier für die Öffentlichkeit im Lohnbrauverfahren gebraut. Im Juni desselben Jahres ging die erste Flasche Black Stork über den Tresen, im August eröffnete der Direktverkauf in der »Biergarage« im Industriehof.

In Speyer wurde schon ab 1500 das Bierbrauen urkundlich erwähnt. Um 1900 betrug der Bierausstoß 30 Millionen Liter und rangierte damit direkt hinter der deutschen Bierhauptstadt München. Ab 1970 ließ der abnehmende Bierkonsum die letzte Brauerei in Speyer sterben.

Name und Logo von Black Stork nehmen Bezug auf die letzten drei großen Speyerer Brauereien: die schwarze Farbe auf die Bierbrauereigesellschaft Schwartz, der Storch auf die Storchenbrauerei und die Zacken auf die Brauerei zur Sonne. Damit soll nicht nur an eine große Geschichte angeknüpft werden, sondern auch regionale Verbundenheit zum Ausdruck kommen. Das nicht ganz billige, handwerklich gebraute Bier steht für Klasse statt Masse. Die kleine Manufaktur nimmt es mit den Industriegiganten auf. Und ein bisschen Verrücktheit braucht es dazu!

Adresse Black Stork Braumanufaktur, Franz-Kirrmeier-Straße 19, 67346 Speyer | **Anfahrt** Speyer nördlich über die Franz-Kirrmeier-Straße verlassen, links in den Industriehof einbiegen, an der 3. Abbiegemöglichkeit links liegt nach ein paar Metern links die Verkaufsgarage | **Öffnungszeiten** Garagenverkauf Do 17–20 Uhr | **Tipp** Das alte Schwartz'sche Brauerei-Gasthaus in der Korngasse 32 steht heute noch.

19 Der Brunnen am Rheinufer

Zwischen Echse, Fisch und Vogel

Wer am Helmut-Kohl-Ufer entlangschlendert, bemerkt sicher das Denkmal »Die Welle« von Günter Zeuner aus dem Jahr 1981. Es lohnt sich aber auch, in die zweite Reihe zu schauen. Stadtauswärts von der Speyerbach-Mündung liegt zurückversetzt der »Platz der Stadt Kursk« mit einem einmalig schönen Brunnen. Kursk ist die russische Partnerstadt Speyers, eine Universitäts- und Industriestadt mit 440.000 Einwohnern. Der Brunnen gibt sich als felsiger, wasserüberspülter Untergrund für verschiedene Tierskulpturen: Eidechsen, Vögel, Fische. Weit mehr als ein Brunnen, ist das Kunstwerk eine begehbare Erfrischungsquelle.

Weiter stromaufwärts, gegenüber dem Steg, an dem die Flusskreuzfahrtschiffe anlegen, steht, oft übersehen, die Victor-Hugo-Eiche. Sie ist zu jung, um ihren Namensgeber noch »gekannt« zu haben; doch wurde sie zu Ehren des Romanciers gepflanzt, der die französischen Verwüstungen der Speyerer Kaisergräber aufs Schärfste verurteilte. Victor Hugo zählt damit zu den prominenten Persönlichkeiten, die einer deutsch-französischen Aussöhnung den Weg ebneten. Die schlanke Eiche heißt alle in Speyer willkommen.

Noch ein Wort zu den hiesigen Schiffsstegen. Zu Kohls Zeiten brachte das Staatsschiff »MS Mainz« Gäste hierher in die Lieblingsstadt des Altbundeskanzlers. Am 1. Juli 2017 wurde auch Kohls Sarg von Ludwigshafen mit dem Staatsschiff zu seinem Bestattungsort Speyer verbracht. Bis heute wird es als »Bereisungsschiff« genutzt. Ursprünglich war die »MS Mainz« 1943 in Regensburg gebaut und 1945 von den Amerikanern beschlagnahmt worden. 1950 hatte es die junge bundesdeutsche Wasser- und Schifffahrtsverwaltung erworben und 1954 in Einzelteilen an den Rhein verbracht. Seither wurde die betagte Lady mehrfach modernisiert. Heute verfügt sie über Konferenzräume und ist noch immer zwischen Rhein, Mosel, Saar, Main und Neckar für Staatsbesuche im Dienst.

Adresse Platz der Stadt Kursk, 67346 Speyer | ÖPNV Bus 567, Station Hafenstraße | Tipp Von der Speyerbach-Mündung lohnt sich ein Spaziergang auf der Hafenmole besonders an sonnigen Abenden. Die Sonne geht hinter den Domtürmen unter und taucht die Ufer in goldenes Licht.

20 Die Buchflüstererstube

Restauratorin und Buchbinderin

Die Liste der von Buchbindermeisterin Petra Brickmann restaurierten Schätze ist lang. Uromas Kochbücher oder ein Wörterbuch, auf Klopapier notiert, sind darunter, aber auch die ein oder andere ehrwürdige Familienbibel. Gang und gäbe ist die Restaurierung von Leder- und Pergamentbänden sowie von Partituren, auf denen ein Dirigent seine Anmerkungen verewigt hat. Zu den Auftraggebern der Werkstatt gehören Bibliotheken, Klöster, Organisten und Privatpersonen.

Hauptberuflich setzt Frau Brickmann Bücher für die Landesbibliothek in Stand. Gegen Ende der Woche geht es in der eigenen Werkstatt weiter, unterstützt vom Ehemann, der bereits angelernt wurde. Mit detektivischem Spürsinn analysieren sie zunächst Schäden und Gebrauchsspuren. Mal hat der Bücherwurm sich sein Löchlein gebohrt, mal hinterließ eine Büroklammer feinen Rost. Mitunter verraten Brotkrümel, welche Stellen gern gelesen wurden. Dochtreste und Petroleumflecke lassen eifrige Nachtleser vermuten. »Ein altes Buch lebt. Es war Teil des Lebens«, so sieht es die Restauratorin. Manchmal entdecken die beiden sogar Fehler der Druckerei wie falsche Seitenzahlen.

Petra Brickmann arbeitet gern um das gesamte Buch herum. Einrisse und Fehlstellen lassen sich mit festem, hochwertigem Japanpapier stabilisieren beziehungsweise schließen. Neben Papier können auch alle anderen Materialien, die an Büchern verwendet wurden, in der Werkstatt restauriert oder ergänzt werden. So fehlen beispielsweise häufig die Metallschließen an alten Bänden. Wie im Mittelalter muss jede Klebung wasserlöslich sein. In der Buchwerkstatt werden Weizenstärkekleister, Knochenleim oder Fischleim dafür verwendet. Letzterer bleibt nach dem Trocknen biegsam.

Für eine Buch-Instandsetzung können zehn, aber auch mal 70, 80 Stunden nötig sein – aber nicht am Stück. Unterbrechungen und Pausen ergeben sich allein durch die Trockenzeiten.

Adresse Buchrestaurierung am Dom, Maximilianstraße 99, 67346 Speyer, www.buchrestaurierung-am-dom.de | ÖPNV Busse 564, 565, 568, Station Dom/Stadthaus | Öffnungszeiten Do und Fr 15–18 Uhr, Sa 10–16 Uhr | Tipp Gegenüber der Werkstatt wird in einer Gedenkstube an die Schriftstellerin Sophie von La Roche erinnert, die hier lebte und zum Beispiel Friedrich Schiller empfing. Sie begründete die erste deutsche Frauenzeitschrift namens »Pomona«.

21 Der Campus des Wissens

Kühle Moderne im Grünen

Speyer ist deutsche Hauptausbildungsstätte für den Nachwuchs der Verwaltungswissenschaften. An der hiesigen Universität kann man Public Administration, Verwaltungswissenschaft, Öffentliche Wirtschaft, Staat und Verwaltung sowie Wissenschaftsmanagement studieren. Es gibt postuniversitäre und Aufbaustudiengänge sowie Führungskräftefortbildungen nach dem Modell der französischen École Nationale d'Administration (ENA). Daraus ist das Deutsche Forschungsinstitut für öffentliche Verwaltung hervorgegangen. Der 1960 vom Architekten Sep Ruf gestaltete Campus mit seinen sachlichen Baukörpern steht in der Tradition von Mies van der Rohe und dem Bauhaus.

In der Nähe, flankiert vom abgebildeten Stelen-Brunnen, liegen Landesarchiv und Landesbibliothek. Der Campus strahlt akademische Ruhe aus und liegt idyllisch im Grünen. Wer im Archiv recherchieren will, das auch Außenstelle des Bundesarchivs Koblenz ist, dem stehen neben Bildern das Personenstandsarchiv und eine Auswandererdatenbank zur Verfügung. Für einen Archivbesuch weiß man am besten bereits, welche Dokumente man einsehen möchte. Dazu gibt es spezielle Suchabfragen (Findbücher).

Die Pfälzische Landesbibliothek ist die wissenschaftliche Bibliothek für den ehemaligen Regierungsbezirk Pfalz, zu dessen Gebiet sie Literatur und Musikalien sammelt. Zum Altbestand gehören über 55.000 Titel, von theologischen Streitschriften über zeitgenössische Darstellungen zum Dreißigjährigen Krieg bis zu naturwissenschaftlichen Schriften aus dem 19. Jahrhundert. Einzigartig ist die Musikaliensammlung mit zahlreichen Tonträgern. In der Bibliothek werden auch Musikalien des Domchors verwahrt. Highlights sind Bestände des Zweibrücker Komponisten Jakob Heinrich Lützel (1823–1899), Archivalien vom Speyerer Musikverlag des Heinrich Philipp Boßler oder aus der historischen Druckerei von Peter Drach.

Adresse Landesbibliothekszentrum Rheinland-Pfalz, Otto-Mayer-Straße 9, 67346 Speyer | ÖPNV Bus 561, Stationen Landesarchiv/Bibliothek oder Universität | Öffnungszeiten Mo–Fr 9–18 Uhr, Sa 9–12 Uhr | Tipp Auf dem Uni-Campus befinden sich außerdem ein »Innovationslabor« und das architektonisch interessante Pädagogische Landesinstitut Rheinland-Pfalz.

22 Die Collage Gallery

Verrückt nach Vintage

Wer eine Schwäche für alte Reklameschilder oder 1970er-Jahre-Lampen hat oder einen guten, alten Plattenspieler sucht, dem wird der Anblick der Collage Gallery in der Kutschergasse einen spitzen Schrei des Entzückens entlocken. Vintage-Interior, Design-Klassiker, Retro, moderne Antiquitäten und Kuriositäten werden im Laden geboten. Wer schon in der Kutschergasse der Altstadt begeistert ist ob der beeindruckenden Auswahl, dem sei auch der Besuch der großen Ausstellungshalle in der Werkstraße ans Herz gelegt.

In einer Halle aus den 1920er Jahren des letzten Jahrhunderts ist dort die Auswahl an Möbeln, Fahrrädern, Motorrädern, Schildern oder Spielzeug auf 400 Quadratmetern geradezu überwältigend. Interior, Truhen, Taschen und unzählige schöne Dinge bestürmen das Auge. So gibt es Kostbarkeiten aus der Gründerzeit, dem Historismus oder dem Art nouveau. Vertreten sind auch Trash, Shabby, Kitsch, Kult, Space Age, Sputnik oder Panton-Ära. Schnäppchenjäger mit konkreten Vorstellungen können nach Herzenslust stöbern nach Industrial Design, Scandinavian Life, Brooklyn-Interior oder Glamour. Viele Retro-Objekte werden auch für Fernsehen, Theater, Pop-up-Stores oder private Feste als Requisiten verliehen. Nichts ist so ausgefallen, dass es nicht vom Collage-Team aufgespürt und auf den großen internationalen Flohmärkten eingekauft werden kann. Ein Onlineshop erleichtert das Stöbern vorab. Alle, die nicht so einfach in die Stadt kommen können und erst recht nicht nach Amsterdam reisen wollen, wissen das zu schätzen. Fast alle Online-Angebote lassen sich in einem der beiden Ladengeschäfte begutachten. Über eigene Ideen kann man sich problemlos mittels Moodboard oder Zeichnungen mit den Ladeninhabern verständigen.

Der Trend geht in Richtung nachhaltiges Wohnen, gerade bei der jüngeren Generation. Antikes in den eigenen vier Wänden setzt Zeichen dafür.

Adresse Kutschergasse 13 und Werkstraße 7, 67346 Speyer, https://bio.site/collagegallery | **ÖPNV** Busse 564, 565, 568, Station Wormser Straße | **Öffnungszeiten** Kutschergasse Di und Sa 11–17 Uhr, Fr 13–17 Uhr; Werkstraße Fr 10–17 Uhr, Sa 10–15 Uhr | **Tipp** Inhaber Alexander Walch brennt auch für Fotoserien. Das zeigen seine eigenen Serien zu Toilettenschildern aus den 1930er und 1940er Jahren oder zu aufgegebenen Kiosken (»lost places«).

23 Der Domhof

Wo einst das Gericht tagte und heute mundet

Johann Wolfgang von Goethe war begeistert von Speyer. »Speier ist gar hold!«, soll er geschwärmt haben. Seinen Götz von Berlichingen ließ er ausrufen: »Macht euch auf nach Speier!« Denn hier rief so mancher Fürst das Reichskammergericht an. Dieses wurde bereits 1495 von Kaiser Maximilian gestiftet, um den Reichsfrieden zu wahren und Fehden beizulegen. Die Richter trugen spanische Uniformen und lange Perücken, der Gerichtssaal glich einer kaiserlichen Audienzhalle. Geradezu legendär war die lange Dauer mancher Prozesse.

Der Umzug des Gerichts 1689 nach Wetzlar – der Ausbildungsstätte des angehenden Juristen Goethe – und endgültig Napoleon im Jahr 1806 machten dem Gericht ein Ende. Ursprünglich hatte es seinen Sitz jeweils an dem Ort, an dem der Kaiser seinen Reichstag abhielt: in Worms, Speyer, Nürnberg oder anderswo. Ab 1527 blieb es in Speyer – weit weg vom Wiener Kaiserhof. Richter und Gerichtspräsidenten wurden aus den Reihen des Adels vom Kaiser ernannt. Geklagt werden konnte wegen Landfriedensbruchs, und nur vonseiten eines Reichsstands oder einer reichsunmittelbaren Stadt. Ein Kuriosum war es, wenn die Stadt Speyer als Reichsstand gegen das Bistum Speyer, einen anderen Reichsstand, klagte, ohne dabei die Stadtgrenzen zu überschreiten.

Theoretisch konnten auch Bürger ans Reichskammergericht appellieren – das nannte sich dann »Untertanenprozess«. So besaß das Gericht demokratieartige Elemente. Allerdings wurde dies durch Gesetze der Landesfürsten erschwert.

Heute munden im Domhof am ehemaligen Gerichtsgebäude eher pfälzische Leibgerichte. Wo früher Fürsten und Kaiser Herberge und Versorgung fanden, tafelt der ganz normale »Untertan«. Nur noch Brauerei und Biergarten »Domhof« halten hier Hof. Ein Götz von Berlichingen könnte sich die Wartezeit, bis er zu seinem Recht kommt, mit einer zünftigen Mahlzeit verkürzen.

Adresse Große Himmelsgasse 6, 67346 Speyer | ÖPNV Busse 564, 565, 568, Station Domplatz | Öffnungszeiten Mo–Do 11.30–22 Uhr, Fr 11.30–23 Uhr, Sa 11–23 Uhr, So 11–22 Uhr | Tipp Serviert wird im Domhof mitunter auch im Dirndl – eine Reminiszenz an die bayerische Vergangenheit. An diese erinnern auch die bayerischen Flaggen, die zuweilen auf der Maximilianstraße wehen.

24 Die Dominikanerinnen

Die Bibel tanzen

Um die sozialen Missstände zur Zeit der Industrialisierung zu lindern, gründete der Speyerer Bischof Nikolaus von Weis im Jahr 1852 das Institut der Armen Schulschwestern. Die Schwestern wirkten in Volksschulen, Handarbeitsschulen und Kindergärten und engagierten sich vor allem für die Mädchenbildung. Heute heißt die Organisation Institut Sankt Dominikus. Im Jahr 1910 errichtete Architekt Rudolf von Perignon für die Dominikanerinnen den heutigen Bau in neubarockem Stil zwischen Vincentius- und Otto-Mayer-Straße. 2003 gründeten die Schwestern die Sankt-Dominikus-Stiftung und zwei gemeinnützige GmbHs für die Schulen, das Krankenhaus und die Jugendhilfe, die sie betreiben. Bis heute nimmt die Kongregation einen wichtigen Platz im sozialen Leben Speyers ein und wirkt in der Hospizhilfe und der Krankenhausseelsorge, auch wenn die Zahl der Schwestern geringer geworden ist.

Einige Schwestern bieten geistliche Seminare für Laien an. Dem Stift angegliedert ist die Dominikusgruppe, eine ökumenische Laiengemeinschaft aus Familien, Jugendlichen, Singles und Ordensschwestern, die gemeinsam Wege zur Spiritualität suchen. Es wird zu Meditation, Tagen der Stille oder zur Feier der Ostertage eingeladen. Einen innovativen Weg beschreiten die Dominikanerinnen mit den Kursen unter dem Motto »Bibel getanzt«. Dabei wird aus der meditativen Kraft des Tanzes geschöpft. Inspiriert von biblischen Texten und begleitet von ruhiger Musik, führen Bewegung und präsente Körperlichkeit »in jenen göttlichen Raum, in dem ich nicht mehr mache, sondern bin«, heißt es in der Beschreibung. Tanzexerzitien sind Zeiten des Innehaltens und der Selbstwahrnehmung. Im Mittelpunkt steht die persönliche Beziehung zu Gott. Was durch die Kontemplation angestoßen wird, kann sich im Tanz vertiefen, indem der Körper in einer bewegten Weise ins Gebet einbezogen wird. Wer es ausprobiert, kann es nachvollziehen.

Adresse Institut Sankt Dominikus, Vincentiusstraße 4, 67346 Speyer | ÖPNV Busse 507, 572, 573, Station Doppelgymnasium oder 561, Station St. Vincentius-Krankenhaus | Öffnungszeiten Gottesdienste: Mo–Fr 18 Uhr, Sa 17.45, So 9 und 17.30 Uhr | Tipp Auch im Kloster Sankt Magdalena leben Dominikanerinnen. Das dritte Frauenkloster, das Karmelitinnenkloster, erhielt 1985 einen Neubau.

25 Der Domnapf

Füllhorn, Richtstätte und Zuflucht

Blut und Wein sind gleichermaßen am Domnapf zu Hause. Ganze 1.580 Liter Wein passen in das Sandsteinbecken, das einst die Grenze zwischen städtischer und bischöflicher Gerichtsbarkeit markierte. Denn 1294 wurde Speyer Freie Reichsstadt und unterstand damit nicht mehr der weltlichen Obrigkeit des Bischofs. Ausgeschenkt wird aus dem Domnapf zu besonderen Anlässen. Wein fürs Volk, das war guter Brauch, wann immer ein neuer Bischof geweiht wurde und in die Stadt einzog. Denn die Bischöfe wollten die Speyerer wohlgesonnen stimmen. 2017 beging die Domkurie den 200. Jahrestag ihrer Neugründung. Eine Kunststoffschicht verstärkte zu diesem Anlass das Becken-Innere, denn der Weinausschank sollte hygienisch vonstattengehen. Zudem wurden 10.000 Kunststoffbecher unters Volk verteilt. Auf älteren Fotografien erkennt man hingegen noch Schöpfkellen.

Doch auch Gruseliges trug sich am Domnapf zu. 1277 wurde Domvikar Albrecht von Mussbach an dieser Stelle grausig hingemetzelt. Am frühen Morgen auf dem Weg zum Dom fingen ihn die Mörder ab, durchbohrten ihn mit dem Schwert und trafen sein Herz. Auch die Kehle wurde mit einem Dolch aufgeschlitzt und die linke Hand abgeschnitten. Der Schädel des Mannes knallte aufs Pflaster und sprang auf, Gehirnmasse floss. Als die Leiche gefunden wurde, labte sich ein Schwein daran. Die Täter wurden nie gefasst, aber mit dem Kirchenbann belegt. Hintergrund der Tat war vermutlich Albrechts Aufgabe, das »Ungeld« für den Bischof einzutreiben, was er mit Konsequenz verfolgt haben soll.

Am Domnapf wurden Urteile vollstreckt: »Böszüngige Weiber« und »ungetreue Männer« mussten ohne Mantel einen Schandstein am Hals bis zum Altpörtel schleppen. Auch der Pranger stand neben dem Domnapf. Im Jahr 1361 soll man dort einem Gotteslästerer die Zunge abgeschnitten haben. Jenseits des Napfs suchten viele Zuflucht vor der städtischen Gerichtsbarkeit.

Adresse Domplatz, 67346 Speyer | ÖPNV Busse 564, 565, 568, Station Domplatz | Tipp Im Altpörtel-Kerker wird noch der Schandstein an einer Kette verwahrt. Wer ihn »testet«, merkt, dass er nicht gerade leicht ist.

26 Der Doppelstrand

Waldbad mit Tropen-Feeling

Durch Kiesabbau, unter anderem für den Westwall der 1930er Jahre, einer Verteidigungslinie aus Bunkern, Stollen, Gräben und Panzersperren, entstanden in der Auenlandschaft zwischen Mechtersheim und Lingenfeld mehrere nahe beieinander liegende Seen. Man findet sie in unmittelbarer Nachbarschaft des Altrheins zwischen Lingenfeld und Römerberg, direkt am Fahrradweg in Richtung Speyer. Der Kleine und der Große Weiher sind voneinander durch einen Sandstreifen getrennt und werden im Sommer für den Badebetrieb genutzt. Sind die Strandplätze im Schatten großer Büsche noch nicht allzu überfüllt, ist dies ein Waldbadeparadies mit sanft abfallendem, kleinkinderfreundlichem Einstieg und einer abwechslungsreichen Badelandschaft.

Wen die Bewegungslust packt, den lockt sicher das Beachvolleyballfeld. Die weiße »SunSeeBar« bietet bei gutem Wetter Erfrischungen und Sitzgelegenheiten zum »Chillen« an. Das Wasser schimmert smaragdgrün und ist von fotogenen Waldinselchen durchsetzt. Flache Bereiche werden auch gern für Spiel und Spaß genutzt. Beim Baden genießt man einen schönen Blick auf den von der Gemeinde Lingenfeld betriebenen Campingplatz auf dem gegenüberliegenden Ufer des Großen Weihers. Dort ist sowohl Platz für Dauercamper als auch für durchreisende Übernachtungsgäste. Am Strand in Höhe des Campingplatzes gibt es ein Kinderplanschbecken.

Der Große Weiher ist von Mechtersheim und ebenso von Lingenfeld gut zu erreichen, am besten per Fahrrad. Für Parkplätze mit Schatten ist ebenfalls gesorgt. Die unmittelbar angrenzenden, durchs Baumlaub hindurchschimmernden Seen (siehe Foto) und Gewässer sind dem Angelsport vorbehalten. An den Badeseen sind Segeln, Surfen und Angeln verboten. Die Schilfzonen am Ufer und die Inseln dürfen nicht betreten werden. Auch im Winter sind die Wälder rund um die Seen ein landschaftliches Juwel und eignen sich hervorragend für Spaziergänge.

Adresse Badesee, 67354 Römerberg | Anfahrt von Speyer B39 Richtung Germerscheim/Römerberg, rechts auf Landauer Straße (Schilder B9/Germersheim/B272/Römerberg), leicht rechts auf L507 und dort bleiben, bis eine beschilderte Straße links zum Seeparkplatz abbiegt | Tipp Mechtersheim hat noch mehr zu bieten, etwa einen Biohof mit Lieferdienst, die Mechtersheimer Hofgemeinschaft.

27 Die doppelte Domorgel

Unbegrenzte Klangwelten

Die Dommusik in Speyer kann auf eine mehr als tausendjährige Tradition zurückblicken. Eine Domschule bestand schon vor Errichtung des Doms. Bis ins 16. Jahrhundert stellte sie die Sänger bei den Gottesdiensten, dann übernahm das Gymnasium, das die Jesuiten 1567 errichtet hatten. Später, im 17. Jahrhundert, setzte man neben der Orgel auch Streich- und Blasinstrumente im Gottesdienst ein. Die Domkapelle war sowohl vokal wie auch instrumental besetzt. Nach der Auflösung der Jesuiten im Jahre 1773 und nach der Französischen Revolution geriet die Kirchenmusik zusehends ins Hintertreffen. Erst 1839, in Zusammenhang mit der Errichtung eines katholischen Lehrerseminars, entstand wieder ein Domchor.

Ob eine Orgel im Dom ertönen sollte, und wenn ja, welche, wurde seit der Domrestaurierung 1996 intensiv diskutiert. Eine Kommission empfahl den Neubau zweier Instrumente. 2008 wurde die Orgel auf dem Königschor fertiggestellt, 2011 die große Orgel in der Nische auf der Westempore. Für die Hauptorgel wurde eine in vier Ebenen asymmetrisch abfallende Pfeifenlandschaft geschaffen. Das Instrument thront heute in 18 Meter Höhe auf einem Stahltisch und verfügt über 5.496 Pfeifen; die größte misst zehn Meter. Über vier Manuale lässt sich das Instrument bedienen, unterstützt durch elektrische und elektropneumatische Komponenten. Computergestützte Spielhilfen schöpfen ein fast unbegrenztes Klang-Potenzial aus. Erst im März 2022 wurde der letzte Orgelteil geweiht.

Die kleinere Orgel auf dem Königschor wurde in einem Eichenholzgehäuse zwischen zwei Pfeiler positioniert. Etwas Besonderes sind ihre fünf mitteltönig gestimmten Register – ein eigenständiges Werk innerhalb des Instruments. Dank mechanischer und elektrischer Doppeltrakturen lassen sich beide Orgeln zusammen spielen. Jedem Domorgelwettbewerb können die Speyerer Organisten also gelassen entgegensehen.

Adresse Dom zu Speyer, 67346 Speyer | ÖPNV Busse 564, 565, 568, Station Domplatz | Öffnungszeiten Nov.–März Mo–Sa 9.30–16.30 Uhr, So und feiertags 12–16.30 Uhr, April–Okt. Mo–Sa 9.30–18.30 Uhr, So und feiertags 12–17 Uhr, Abweichungen aufgrund von Gottesdiensten und Konzerten sind möglich | Tipp Ein wunderschönes Exemplar einer Orgel ist in der Seminarkirche Sankt German zu bewundern. Die bis 2009 genutzte Dom-Vorgänger-Orgel erklingt heute in Białystok (Ostpolen).

28 Die Edith-Stein-Stele

Heilige und Philosophin

In Speyer laden die Gedenkorte an Edith Stein zu einem größeren Rundgang durch die Stadt. Im Dom wurde eine Bronzebüste von ihr aufgestellt, zudem wird hier eine Reliquie ihres Gewands aufbewahrt. Doch nur an wenigen Orten ist die Erinnerung an die konvertierte, in Breslau geborene Jüdin so lebendig wie im Dominikanerinnenkloster Sankt Magdalena. Dort wurde ihr ehemaliges Zimmer als Andachtsraum gestaltet. Mit einer Ausstellung hält man sie ebenso in Erinnerung wie in der Klosterkirche.

1916 promovierte Edith Stein mit Auszeichnung, doch als Frau wurde sie nicht zur Habilitation zugelassen. Nach der Lektüre des Lebens der Heiligen Theresa von Avila wandte sie sich dem Christentum zu und wurde im Alter von knapp 30 Jahren getauft. In Speyer erhielt sie 1922 ihre erste heilige Kommunion – und eine Stelle als Lehrerin für Deutsch und Geschichte am Mädchenlyzeum und der Lehrerinnenbildungsanstalt von Sankt Magdalena. Von 1923 bis 1931 unterrichtete und lebte sie dort. Sie teilte das klösterliche Leben und arbeitete wissenschaftlich. Ihr erster Vortrag lautete »Wahrheit und Klarheit im Unterricht und in der Erziehung«. Als Philosophin hinterließ sie Spuren von zeitloser Weisheit. Ihre Lehrtätigkeit führte sie unter anderem nach Münster und Köln. Diese Aufgabe wurde ihr 1933 von antisemitischen Gesetzen verboten. Im selben Jahr fühlte sie ihre Berufung zur Karmelitin und nahm den Namen »Teresia Benedicta a cruce« (die vom Kreuz Gesegnete) an.

Edith Stein warnte bereits damals Papst Pius IX. vor den Nationalsozialisten. Neun Jahre später wurde sie selbst deren Opfer, 1942 in Auschwitz ermordet. 1987 sprach man sie selig und 1998 heilig. Anlässlich ihrer Seligsprechung stiftete Bischof Anton Schlembach die besagte Stele. Papst Johannes Paul II. kam zur Einweihung nach Speyer. 1994 gründete sich eine deutsche Edith-Stein-Gesellschaft. Wo? Natürlich in Speyer!

Adresse Hasenpfuhlstraße 32, 67346 Speyer | ÖPNV Bus 567, Station Schiffergasse; Busse 564, 565, 568, Station Domplatz | Tipp Da Edith Stein gern über die Sonnenbrücke wandelte, wurde auch dort eine Gedenktafel angebracht. Die benachbarte Statue stellt jedoch Nikolaus dar, den Schutzpatron der Fischer.

29 Die ehemaligen Tongruben

Vögel geben den Ton an

Möwenschreie, flatternde Singvögel, seltene Schmetterlinge und Kormorane, die ihre Flügel zum Trocknen aufklappen, bestimmen das Bild im Naturschutzgebiet südöstlich von Mechtersheim, einem Ortsteil der Ortsgemeinde Römerberg, die wiederum Teil der benachbarten Verbandsgemeinde südlich von Speyer ist. Noch um 1600 besaß Mechtersheim nur Wiesen, die regelmäßig vom Rheinhochwasser überschwemmt wurden. 100 Jahre später wurden sie durch Dämme geschützt. Seither steht das Gebiet nur noch über Druckwasser mit dem Rhein in Verbindung. Um 1890 begann man, hier Ton abzubauen. 1953 wurde die Tongewinnung eingestellt, die entstandenen Wasserflächen blieben sich selbst überlassen. 1970 bis 1980 wurde die Grube ausgekiest. Ried- und Gänswiese sowie der Riedwiesensee wurden 1983 Naturschutzgebiet, die Ufer renaturiert. Man bereicherte die Wasserfläche durch Schwimminseln, um die Artenvielfalt zu fördern. Im Wasser kommen Großes und Kleines Nixenkraut, Haarlaichkraut, gewöhnliches Pfeilkraut, Spreizender Hahnenfuß und Verkannter Wasserschlauch vor, ein Biotop, das auch für andere Pflanzen und Tiere zur Zuflucht wurde.

1995 wurde das Schutzgebiet um den Steinäckersee erweitert. In dem etwa 34 Hektar großen Gebiet, nur sechs Kilometer von Speyer entfernt, geben die Vögel so sehr den Ton an, dass man sich angesichts der Möwenschreie an Helgoland erinnert fühlt. Ein komfortabler Vogelbeobachtungsstand wird von Naturfreunden sehr gelobt. Schon mit bloßem Auge erkennt man das Leben und rege Treiben rund um die Schwimminseln und an den Stränden des Sees. Vor allem frühmorgens lassen sich hier Tundrasaatgans, Nilgans, Kolbenente, Reiherente, Mittelmeermöwe oder Mäusebussard beobachten. Zwischen Röhricht und Steilufer kommen auch die seltene Knoblauchkröte, die Kreuzkröte oder der Moorfrosch vor. Was dem Tierleben schadet, sind frei laufende Hunde.

Adresse Nähe Pumpenhaus Philippsburger Straße 52, 67354 Römerberg | Anfahrt von Speyer auf B39 Richtung Germerscheim/Römerberg, rechts auf Landauer Str. (Schilder B9/Germersheim/B272/Römerberg), leicht rechts auf L507 und dort bleiben, der Beschilderung zum Mechtesheimer Badesee folgen, vor dem Parkplatz dem kleinen Weg folgen, der seitlich zu den Tongruben verläuft | Tipp Ein weiteres Biotop befindet sich am Heiligensteiner Altrhein.

30 Die Einhorn-Apotheke

Helden der Stadtgeschichte

Eine der ältesten Apotheken Deutschlands ist die Einhorn-Apotheke. Bereits um 1350 nennt das Liber Animarum des Domkapitels eine »apotheca antiqua« zwischen Markt und Dom. Vieles spricht dafür, dass es sich hierbei um eine »Vorgängerin« der heutigen Einhorn-Apotheke handelt. 1457 ist diese als »Apotheke am Markt« belegt. Zu mehreren Reichstagen bot sie Unterkunft für Besucher an. Erst in den Stadtbeschreibungen des 17. Jahrhunderts taucht der Name »Apotheck zum Einhorn« auf.

In der Geschichte des Traditionsbaus gab es einige Apothekerdynastien. Apotheker Johann Conrad Schwanckhardt überlebte den großen Stadtbrand, verbrachte zehn Jahre im Exil und wagte hernach als einer der Ersten den Wiederaufbau. Er ist der Bauherr des heute noch erhaltenen barocken Giebelhauses. Dieses steht an der Stelle zweier zerstörter Häuser (»Zum Grünenberg« und »Waldeck«), deren Keller noch erhalten sind. Auf dem Schlussstein am Portal verewigte er seine Initialen und diejenigen seiner Frau. Das Haus ist das erste einer Reihe prachtvoller Giebelhäuser in der Maximilianstraße. Der verantwortliche Zimmermeister Johann Jacob Rischer, auch tätig fürs Domkapitel, wirkte übrigens auch an den Bauten des heutigen Wittelsbacher Hofs und der Jesuitenschule mit. Schwanckhardt war nicht nur ein angesehener Apotheker, sondern bis zu seinem Tode auch Bürgermeister. Die Familie brachte noch weitere namhafte Apotheker und Bürgermeister hervor.

Die Apotheker gehörten damals zur Zunft der Krämer. Apotheken unterlagen regelmäßigen Überprüfungen (Visitationen), die in einer eigenen Speyerer Apothekerordnung vorgeschrieben waren. Die heute gut sichtbare, bronzene Einhorn-Statue auf dem Dach ist 1,20 Meter hoch und wurde vom Speyerer Bildhauer Franz Müller-Steinfurth im Jahr 2001 geschaffen. Sie ersetzt eine frühere Steinstatue, die von unten kaum zu sehen war. Heute heißt der Apotheker Stefan Baum.

Adresse Maximilianstraße 23, 67346 Speyer, www.einhorn-apotheke-speyer.de | ÖPNV Busse 564, 565, 568, Station Maximilianstraße | Öffnungszeiten Mo–Sa 8–18.30 Uhr | Tipp Auch die Sonnenapotheke, ebenfalls in der Maximilianstraße (Nummer 40), ist in einem sehenswerten Haus untergebracht.

31 Der Eis-Automat

Genuss neu erfunden

Unter dem Motto »Genusskult« zieht »Amalie« am Altpörtel Liebhaber des urbanen Kaffee- und Teegenusses an. Seit 2008 wird auch selbst hergestelltes Eis im Glas oder Becher angeboten. Ulrike Sturm und Harald Gorzawski haben sich einen Traum erfüllt und die Stadt Speyer um ein originelles Angebot bereichert.

Drinnen schweift das Auge über Tassen, Deko- und Geschenkideen. Die speziellen Kaffee- und Espresso-Blends werden in Florenz vom Familienunternehmen Torrefazione Mokaflor geröstet. Als elegante Röstung ist etwa Kaffee Maragogype aus 100 Prozent Arabica beliebt. Teeliebhaber schwören auf die Big Tea Bags für Jumbo-Tassen oder kleinere Kännchen. Unter den Teemischungen finden sich Rooi-Chai, Yogi Tee, Waldfrucht oder Ingwer-Melisse. Den Gaumen kitzeln außerdem Marmeladen, Pestos und Dips von kleinen Manufakturen. »Amalie« ist eine Verwöhnoase für alle Sinne, Der Name steht für mit Liebe gemachte Kuchen, teils gebacken nach den Rezepten von Oma Amalie und das beliebte Natursauerteigbrot aus der eigenen Backstube. Einige Jahre lud in Otterstadt ein weiteres kleines Kaffeestübchen zu Kaffee und Kuchen ein, das leider wieder geschlossen wurde.

Geblieben ist der Eisautomat. Gerade im Sommer, wenn man an vielen Eisdielen lange warten muss, kann man sich jetzt rund um die Uhr ohne Wartezeit mit Eis an mehreren speziellen Automaten in und um Speyer versorgen. Doch auch in der kalten Jahreszeit, wenn viele Eisdielen Winterpause machen, stehen die Automaten bereit. Die handgemachte Leckerei gibt es derzeit unter anderem in den Sorten Mandel, Mohn, Ingwer, dunkle Schokolade, Chili oder Rose. Die meisten Fruchteissorten sind vegan. Eis-Automaten stehen derzeit in Otterstadt (Foto), Neuhofen (Jahnstraße), Dudenhofen (Hotel Goldenes Lamm), Ruchheim (SV Ruchheim), Römerberg (Germersheimer Straße) und Rülzheim (Max-Planck-Straße).

Adresse Speyerer Straße 70A, 67166 Otterstadt, www.cafe-amalie.de/speyer | Anfahrt von der A61 am Kreuz Speyer auf B9 Richtung Ludwigshafen, nächste Ausfahrt Otterstadt fahren und der Speyerer Straße (K1) nach Otterstadt folgen, der Automat liegt auf der linken Seite | Öffnungszeiten rund um die Uhr | Tipp Am Otterstadter Königsplatz erinnert der Stickelspitzer-Brunnen an eine Begebenheit, als die Otterstädter auf einen Betrüger hereinfielen.

32 Die Elendherberge

Die Hostels von früher

»Elend« war im Mittelalter ein anderes Wort für »fremd«. Wer als ortsfremder Pilger, Bettler oder ziehender Geselle eine Übernachtungsmöglichkeit in der freien Reichsstadt Speyer brauchte, steuerte die Elendherberge an. Meist durfte man nur eine Nacht bleiben. Neben Pilgern wurden auch Obdachlose und Pfründner (Pensionäre) aufgenommen.

Zunächst waren vor allem Klöster der Gastfreundschaft verpflichtet, was teilweise in ihren Ordensregeln festgeschrieben war. Die Aufnahme eines Gastes war derjenigen von Jesus Christus gleichzustellen. Mit dem Aufkommen großer Pilgerströme zu weit entfernten Wallfahrtsorten wie Jerusalem oder Santiago de Compostela im Hochmittelalter wurden mehr Unterkünfte für Reisende notwendig. Adlige, Klerus, Juden und Kaufleute erwarteten, auf Reisen bei ihresgleichen unterzukommen. Mit der Reformation wurden jedoch viele Klöster aufgelöst. Ihre karitativen Aufgaben wurden von weltlichen Behörden oder Stiftern übernommen. Zudem führte das Erstarken des Zunftwesens zu einem »Wander-Boom« unter Gesellen in Europa. So entstanden Elendherbergen und die sogenannten »Herbergen zur Heimat für Handwerksgesellen«, die häufig durch Stiftungen, Spenden und eigene Pfründe finanziert wurden.

Das Speyerer Elendherberg-Häuschen stammt aus der Zeit nach 1689 und gab der angrenzenden Gasse ihren Namen. Die Herbergen besaßen Gärten, etwa denjenigen an der Wormser Landstraße, aus denen sie Einkünfte bezogen. Heute steht an dessen Stelle die Ganztagseinrichtung »Ein Haus für Kinder«. Ein dort noch erhaltenes Tor mit der Jahreszahl 1749 führte in den Stiftungsgarten. Im Jahr 1782 ging der Garten ans Domkapitel und wurde zeitweise zur katholischen Begräbnisstätte. Zur Entschädigung bekam die Elendherberge 750 Gulden und den Kleinen Sakramentsgarten an der Seilerbahn (heute Zeppelinstraße).

Adresse Ecke Elendherberge/Pfaugasse, 67346 Speyer | ÖPNV Busse 564, 565, 568, Station Wormser Straße | Tipp Als reisender »Vagabund« konnte es einem auch wesentlich schlechter ergehen als in der Elendherberge. Mitunter nahm einen der Bettelvogt im Salzturm (heute Fischmarkt) in Gewahrsam.

33 Der Eselsdamm

Schutt und Schutz

Ob der Eselsdamm seinen Namen einer früheren Eselsweide verdankt, kann nur vermutet werden. Möglicherweise rührt die Bezeichnung auch daher, dass die Holzdalben zum Schutz von Dämmen und Brücken einst »Esel« genannt wurden. Spätestens im 18. Jahrhundert errichtete man den Damm aus den Schuttbergen des Brandes von 1689. Der Historiker Karl Rudolf Müller vermutete sogar, dass er schon im 11. Jahrhundert für die Umleitung des Speyerbachs zum Schutz des Domhügels aufgeschüttet wurde. In den letzten Jahren gab der Eselsdamm den Anstoß zu einem interdisziplinären Forschungsprojekt zum historischen Hochwasserschutz.

Von der Mauer um die Hasenpfuhl-Vorstadt sind am Eselsdamm noch große Teile erhalten. Erkennbar sind unter anderem Reste der Türme »Zum Bären« und »Zum Löwen«. Zur Hasenpfuhl-Stadtmauer gehörte auch das Allmendtörlein an der Knoltzengasse. Heute verwandelt eine großzügige Grünanlage das Wohngebiet am Eselsdamm in ein naturverbundenes, Geschichte atmendes Gesamtensemble.

In den 1940er Jahren kam der Eselsdamm zu trauriger Bedeutung, als einer von mehreren Speyerer Standorten für Zwangsarbeiterlager. Stadtarchiv und Landesarchiv halten aus dieser Zeit eine Fülle bewegender Zeugnisse bereit. So kann man beispielsweise nachlesen, dass Speyerer Aufsichtspersonen immer wieder ermahnt werden mussten, Fluchtversuche und Arbeitsverweigerungen konsequenter zu unterbinden. »Gefahrenherde« müssten »unter allen Umständen vermieden« werden. Gesten der Menschlichkeit, Freundschaften und erst recht Liebesbeziehungen zwischen Speyerern und Zwangsarbeitern, vor allem aus der Sowjetunion, wurden strengstens geahndet. Die scheinbare Rechtlichkeit, die Gliederung in Paragrafen und die Behördensprache dieser Zeugnisse von Unrecht und Unmenschlichkeit lassen uns heute erschauern. Die Aufarbeitung jener Zeit hat begonnen, steht aber noch am Anfang.

Adresse Eselsdamm, 67346 Speyer | ÖPNV Bus 567, Station Schiffergasse | Tipp Auf Höhe des Abzweigs der Straße »Grüner Winkel« steht ein bemerkenswerter, kreisrunder Backstein-Kiosk, zeitweise für ein Imbiss-Angebot genutzt.

34 Die Eugen-Jäger-Straße

Sozial aus konservativer Überzeugung

Zentrumspolitiker und Reichstagsabgeordneter Eugen Jäger war ein Familienmensch und erfreute sich an einer Schar von 13 gesunden Kindern. Er wohnte in der Maximilianstraße, war Verleger und Politiker und führte eine Buchhandlung in Speyer, die Jägersche Buchdruckerei sowie eine weitere Buchhandlung in Ludwigshafen. Die nach ihm benannte Straße lohnt einen Spaziergang. In den Jahren 1927–29 entstand hier eine soziale Wohnsiedlung mit kleinen Gärten und einem eindrucksvollen Eingangsportal zur Friedrich-Ebert-Straße (Foto).

Vater Lukas Jäger hatte 1849 in Speyer die »Pfälzer Zeitung« als »christlich-konservatives Kampforgan für die Königstreuen« gegründet und sich als bayerischer Landtagsabgeordneter engagiert. Politik und Verlagswesen lagen also in der Familie. Eugen, 1842 geboren, besuchte das Speyerer Domgymnasium und studierte Naturwissenschaften, Ingenieurwesen und Mathematik. 1874 übernahm er die Redaktion der »Pfälzer Zeitung« und nach dem Tod des Vaters den Pfälzischen Zeitungsverein. Im Jahr 1881 gründete er den Pfälzer Verband der Zentrumspartei, für die er bis 1916 im Speyerer Stadtrat saß. 1898 bis 1919 war er Reichstagsmitglied, weiterhin saß er in der bayerischen Abgeordnetenkammer.

Als konservativer Sozialpolitiker wirkte Jäger auf das entstehende Genossenschaftswesen ein. Im Druckereiverlag der Familie erschienen auch die Diözesanschriften des Bistums, bis dieses seinen eigenen Verlag (»Der Pilger«) gründete. Am 7. Mai 1926 starb Jäger und wurde auf dem Speyerer Friedhof beerdigt. 1937 enteignet und 1951 rehabilitiert, wurde der Verlag Jäger Druck 1972 an den Klettverlag verkauft. Das Familiengrab besteht noch, Jägers Nachlass befindet sich im Landesarchiv. Einige Jahre lang unterhielt die Stadt Speyer über dem Museum SchPIRA im Judenhof eine Gedenkwohnung für Eugen Jäger.

Adresse Eugen-Jäger-Straße, 67346 Speyer | ÖPNV Bus 563, Station Lina-Sommer-Straße | Tipp Zusammen mit der benachbarten Lina-Sommer-Straße, der Kolbstraße sowie dem Ersten und Zweiten Gartenweg bildet die Eugen-Jäger-Straße ein Beispiel für gut erhaltenen historischen Wohnbau. Der angrenzende Woogbachpark erhöht die Wohnqualität des Viertels.

35 Die Fabrikantenvilla

Mit Filz zum Fabrikdirektor geworden

Mitten in der Wohngegend der Sankt-German-Straße ragt ein Fabriktor von 1849 hervor. Das ehemalige Areal der Melchior-Hess-Fabrik wurde mittlerweile zu einem Wohn- und Gewerbepark umgebaut. Rechts und links des alten Tors stehen ein denkmalgeschütztes Pförtnerhaus und ein vom Jugendstil beeinflusstes Gebäude. Vom angrenzenden Edeka-Parkplatz aus ist ein viergeschossiger Ziegelbau (Hammelturm 1) zu sehen, das ehemalige Produktionsgebäude aus dem Jahr 1904. Die Gründungsjahr-Inschrift steht noch an der Fassade. Umgebaut wurde das Areal in den Jahren 2008 bis 2011 für Wohnungen und Praxisräume. Hinter den denkmalgeschützten Fenstern wurden moderne angebracht. Trotz seiner Ziegelfassade handelt es sich bei dem ehemaligen Produktionsgebäude um einen Stahlbetonbau. Einen Blickfang bietet die schöne, von einem Zugang auf der Sankt-Markus-Straße aus sichtbare Villa, die von Familienmitgliedern des Gründers bewohnt wurde, das Melchior-Hess-Schlösschen. Weitere Wohnhäuser stehen auf dem ehemaligen Fabrikhof.

Womit verdiente Melchior Hess sein Geld? Der Büchsenmachermeister gründete 1849 in Speyer einen Betrieb für Jagdwaffen. 1897 zog das Unternehmen an seinen heutigen Standort in der Sankt-German-Straße und spezialisierte sich auf die Produktion von Patronenpfropfen aus Filz und Pappe. Solche wurden bei der Munitionsproduktion benötigt. An der Erfindung dieses Verfahrens war Melchior Hess beteiligt. Neben Patronenpfropfen stellte die Fabrik auch gestanzte Pappdeckel für die Verschlüsse von Glasmilchflaschen her und exportierte sie bis ins 20. Jahrhundert in über 35 Länder. Zu seinen besten Zeiten beschäftigte das Unternehmen 150 Mitarbeiter, in den 1970er Jahren waren es noch über 60. Zunehmend setzten alternative Materialien und günstigere Filzprodukte das Unternehmen unter Druck. 1996 waren noch 14 Menschen bei Hess beschäftigt, als die Produktion ganz eingestellt werden musste.

Adresse Am Hammelturm 12, 67346 Speyer | ÖPNV Bus 568, Station Melchior-Hess-Anlage | Tipp Dem Fabrikbegründer ist in der Nachbarschaft auch eine Parkanlage gewidmet.

36 Der Fachwerkhof La Grotta

Wo die Bärenwirtin zapfte

Einer der ältesten noch in Betrieb befindlichen Gasthöfe Speyers und dazu einer der schönsten erhaltenen Fachwerkhöfe liegt an einer Stelle, wo schon vor dem Stadtbrand von 1689 ein Gasthof stand. 1714 wird an diesem Ort eine »Bärenwirtin« erwähnt. Damals wurde dort eigenes Bier gebraut und Wein gekeltert. 1751 trug die Gaststätte dem Namen »Zum Römischen Kaiser«. Dieser Name ist noch heute auf den Wänden außen zu erkennen. Zeitweise gehörten zu dem weitläufigen Anwesen Brauhaus, Garten, Scheuer, Stall, Kelter und Brunnen. 1868 führt das älteste Speyerer Adressbuch den »Römischen Kaiser« als Herberge für Handwerksgesellen; das Braurecht muss also wieder veräußert worden sein.

1899 diente das Gebäude als Busdepot, Garage und Werkstatt der ältesten deutschen Busgesellschaft, der Motorwagengesellschaft Speyer. Die einstmals ruhige Treuestraße – heute umbenannt in Gutenbergstraße – wandelte sich zum lebhaften Umsteige- und Verkehrsplatz. Das wurde von den Anwohnern vielfach beklagt, zumal die damaligen Busse mit Metallbereifung übers Pflaster holperten.

Nach fast 100 Jahren und mehreren Generationen in den Händen der Familie Eberle, wie die alte Aufschrift verrät, wurde der »Römische Kaiser« 1986 neu eröffnet als »Ristorante La Grotta«. Aus Denkmalschutzgründen bleibt der alte Name jedoch weiterhin sichtbar. Die heutige Betreiberfamilie heißt Tremmiliti und bietet neben traditionsreicher italienischer Küche auch Gäste- und Familienzimmer an. Ob Carpaccio oder vegetarische Antipasti, hausgemachte Pasta, Fisch, Scaloppina oder Saltimbocca: Die Küche ist handgemacht und unprätentiös.

»Wer keine Zeit hat zum Essen, hat auch keine Zeit zum Leben«, lautet die Devise von Salvatore Tremmiliti.

Adresse Gutenbergstraße 12, 67346 Speyer | ÖPNV Busse 507, 562, 563, 564, 565, Station Postgraben | Öffnungszeiten Di–Sa 12–14 und 18–21.30 Uhr, So 12–15 Uhr | Tipp In der Nachbarschaft, in der Wormser Straße 42, steht das Neorenaissance-Gebäude des Amtsgerichts, zuvor auch Zuchtpolizeigericht, Friedensgericht und Landgericht. Im Nebengebäude befand sich früher ein Gefängnis.

37 Die Fähre Rheinhausen

Please, pay the Ferryman

Die ersten regelmäßigen Speyerer Fährtouristen waren die Bischöfe. Seit 1371 residierten sie nicht mehr in der Stadt, sondern im rechtsrheinischen Udenheim (später Philippsburg). 1781 errichteten sie ihr Barockschloss in Bruchsal. Um zu Hoftagen oder Reichstagen in die Stadt zu gelangen, waren sie auf einen Fährbetrieb angewiesen. Denn eine Rheinbrücke erhielt Speyer erst im Jahr 1866. Schon die erste europäische Postroute überquerte ab dem Jahr 1490 den Rhein bei Rheinhausen. Kurz darauf wurde in Rheinhausen bereits eine Poststation eingerichtet. Der Fährmann war zugleich der Posthalter.

Heute nutzen vor allem Fahrradtouristen das gemütliche Fährschiff, das am Berghäuser Altrhein ablegt und die letzten 24 Jahre von Schiffsführer Ernst Hessenauer gelenkt wurde. Seit 2023 geht es unter seinem Nachfolger Sebastian Sztander weiter auf der angeblich ältesten Rheinfährverbindung. Für Pkws ist die Fähre nicht ausgelegt. Von Speyer radelt man zum Fährpunkt an einer Waldbucht. Sehenswert ist schon allein das Auenwald-Wasserparadies rund um die An- und Ablegestelle.

Im Sommerhalbjahr setzt der Fährmann Freitag bis Sonntag in etwa zehn Fahrminuten über – und wird natürlich, anders als im bekannten Song, gern vorher bezahlt. Auf der badischen Seite lässt sich die Radtour Richtung Norden zu einer Runde vollenden. Diese Strecke führt durch Deich- und Auenlandschaft bis zur Kollerfähre (auch für Pkws) nördlich von Speyer aufs linke Rheinufer zurück. Die Rundtour eignet sich definitiv für Fährenliebhaber.

Als Alternative lässt sich auf der badischen Seite der Obrigheimer Altrhein auch in Richtung Süden erkunden. Der Erlichsee mit einem Campingplatz ist ebenfalls in Fahrradreichweite. Retour geht es bei dieser Route wieder mit der Rheinhäuser Fähre. Von besonderem Reiz sind auch Touren durch die Altrheinarme, Inseln und Halbinseln per Ruder- oder Paddelboot.

Adresse K3, 67346 Speyer | **Anfahrt** über die Industriestraße Höhe G+H Isover im Speyerer Süden, dem Radwegschild nach Philippsburg auf den Damm folgen | **Öffnungszeiten** Fährzeiten: Fr 11–20 Uhr, Sa und So 10–20 Uhr (ab 1. Okt. jeweils bis 19 Uhr) je nach Bedarf, Infos unter www.stadtwerke-speyer.de | **Tipp** Wer einfach nur eine Pause am badischen Ufer einlegen und von dort direkt mit der Fähre nach Speyer zurückkehren will, für den bietet sich ein Stopp am nahe gelegenen, rechtsrheinischen Vogelpark an.

38 Der fehlende Post-Atlas

Bürgervotum statt royalem Erlass

Speyer hat viel zu bieten – nur kein Barockschloss. Wie als Ersatz dafür prunkt der Bau der Postgalerie aus der bayerischen Zeit am Platz vor dem Altpörtel, bemerkte einmal der Kunsthistoriker Clemens Jöckel. Das monumentale Bauwerk wurde in den Jahren 1900 bis 1901 mit Elementen des Neubarock und einer Atlasfigur mit Weltkugel auf dem Dach errichtet. Der Planer, Baurat Anton Geyer, ließ sich inspirieren von der Oberpostdirektion Würzburg und der dortigen Residenz. Als der Atlas Korrosionsschäden aufwies, wurde er zur Restauration entfernt. Und kam nicht wieder – bedauerlicherweise oder Gott sei Dank? Zu sehen ist er noch auf alten Fotografien.

Zur Bauzeit des neuen Postgebäudes Anfang des 20. Jahrhunderts war die Pfalz ein bayerischer Kreis. Speyer war dessen Hauptstadt und Sitz eines Regierungspräsidenten. Diese neue Hauptstadt galt es, mit repräsentativen Gebäuden auszustatten, unter anderem mit einer Oberpostdirektion. Im Inneren stützen erhabene Säulen einen überglasten Innenhof, um den früher die Schalter angeordnet waren. Über 100 Jahre ist der Bau von der Post genutzt worden, im Jahr 2002 stellte die Post den Betrieb ein. Nach langem Leerstand und Gesprächen mit Investoren wurde das Gebäude im Jahre 2012 als »Einkaufszentrum Postgalerie« neu eröffnet. Ein Neubau im ehemaligen Innenhof des alten Gemäuers wurde errichtet. Zu den heutigen Mietern zählen einige bekannte Handelsketten. Es gibt Raum für Gastronomie, eine Tiefgarage und das Hotel »Amedia« mit Tagungsräumen, Hotelbar und 117 Zimmern.

Auf lange Sicht soll auch der Platz vor der Postgalerie neu gestaltet und die Fußgängerzone ringsum ausgeweitet werden: mit Augenmaß und unter Einbindung des Feedbacks von Bürgerseite. Der Platz um den einst so machtbewussten Atlas der bayerischen Post erfährt vielleicht bald ein basisdemokratisches Happy End.

Adresse Postplatz 1, 67346 Speyer | ÖPNV Busse 562, 563, 564, 565, 568, Station Postplatz | Tipp Ein Rendezvous mit Mister Spock und anderen Figuren aus Film und Comic verspricht das Bistro »Flaming Star« in der Sankt-Gilgen-Straße um die Ecke.

39 Das Fenster zum Stift

Zerstört und dennoch überlebt

Ein tausendjähriges Wohngebäude am ehemaligen Weidentor hat Kriege und Brände überlebt - zumindest teilweise. Und diese Teile sind heute in ein noch bewohntes Haus am Hirschgraben 8 integriert. Das erkennt man auf den ersten Blick an der Mauer mit den hochmittelalterlichen, romanischen und gotischen Fensteröffnungen. Wären diese nicht in späterer Bebauung wiederverwendet worden, wäre dieses Zeugnis mittelalterlicher Profanarchitektur sicherlich verschwunden. Tatsächlich aber wurde der Bau wohl nach dem großen Stadtbrand von 1689 gerettet und in das neue Gebäude einbezogen. Die Rundbogenfenster stammen aus dem 13. Jahrhundert, die gotischen Spitzbogenfenster sind etwa 100 Jahre jünger. Vermutlich diente das Gebäude dem heute verschwundenen Sankt-Guido-Stift zu Wohn- und Wirtschaftszwecken. Es war Teil der Stadtmauer und ist deren einzig erhaltenes höheres Stück. Reste eines Wehrgangs, mit Zinnen und schlitzförmigen Schießscharten, aus der Epoche der neu aufkommenden Armbrust legen Zeugnis davon ab. Bis ins 15. Jahrhundert wurden auch die Vorstädte mit Graben und Mauern umgeben. Auf Befehl der Franzosen wurden diese 1689 großteils geschleift – nicht jedoch dieser wie durch ein Wunder erhalten gebliebene Abschnitt.

Das Sankt-Guido-Stift wurde um das Jahr 1030 von Kaiser Konrad II. gegründet und Johannes dem Täufer geweiht. Als Konrads Sohn Heinrich III. auf dem Rückweg von seiner Italienreise anlässlich seiner Kaiserkrönung im Jahr 1046 die Gebeine des seligen Guido von Pomposa mitbrachte, wurden diese hier beigesetzt und das Stift nach Sankt Guido benannt. Ein Dekan des Stifts, Dionys Burckard, amtierte auch als Speyerer Weihbischof. Er war bekannt als Reformer im Sinne des Konzils von Trient. Beim Stadtbrand 1689 wurde das Stift zerstört. Sein letzter Teil fiel um 1830 einem weiteren Brand zum Opfer. Auf dem Gelände der neuen Synagoge liegen noch die Fundamente der Stiftskirche.

Adresse Hirschgraben 6–8, 67346 Speyer | **ÖPNV** Bus 567, Station Adenauerpark | **Tipp** Neben der Mauer windet sich ein pittoresker Doppelbogen über eine Treppe zwischen den Häusern Hirschgraben 6 und 8. Dort zeigt sich, welche Spannungen im Erdreich auf die Mauern wirken.

40 Das Feuerbachhaus

Inszenator der Antike

Wie viele Genies des 19. Jahrhunderts umweht den am 12. September 1829 in Speyer geborenen, weltberühmten Maler Anselm Feuerbach etwas Tragisches. Wie kein anderer prägte er seinerzeit das Bild von der klassischen Antike. Tragik atmet seine so geduldig wie vergebens wartende Iphigenie, die er gleich dreimal malte. Feuerbachs Vater war Archäologe, sein Großvater ein bekannter Strafrechtler.

Nach ersten Erfolgen in den 1860er Jahren beim Mäzen Graf von Schack in Rom, der ihm elf Bilder abkaufte, zeigte sich das Künstlerleben von seiner schwierigen Seite. Feuerbachs Modell Nanna, auf unzähligen Gemälden verewigt, verließ ihn für einen Engländer. Nach vielem Pendeln zwischen Italien und deutschen Landen erhielt Feuerbach eine begehrte Professur an der Akademie der Bildenden Künste in Wien, die er mit immer weniger Begeisterung versah. Sein ganzes Leben lang blieb seine Stiefmutter, die Schriftstellerin Henriette Feuerbach, eine wichtige Bezugsperson, die ihn stets unterstützte. Kritik setzte Anselm Feuerbach zu, mitunter war er auch nicht frei von Neid auf die Erfolge anderer. Er schien ständig unterwegs zu sein zwischen Nürnberg, Heidelberg, Karlsruhe und Venedig, wo er Anfang 1880 verstarb. Begraben liegt er in Nürnberg.

Erst in den 1970er Jahren des letzten Jahrhunderts gründete sich ein Verein, der in Feuerbachs Geburtshaus, im Jahr 1800 für einen Tagelöhner erbaut, die Einrichtung eines Museums mit Hilfe der Stadt unterstützte. Der Abbruch wurde verhindert. In der Gedenkstätte sind mehr als 30 vor allem frühe Bildnisse und Selbstporträts zu sehen, die die künstlerische Entwicklung Feuerbachs nachvollziehbar machen. Außerdem sind Aquarelle seiner Schwester Emilie und Auszüge aus Briefen zu sehen. Eine Attraktion bildet die Weinstube im Erdgeschoss, im Sommer auch im Innenhof. Vor dem Haus erfrischt ein Brunnen die Besucher.

Adresse Allerheiligenstraße 9, 67346 Speyer, www.feuerbachhaus.de | **ÖPNV** Bus 562, Station Salierstraße | **Öffnungszeiten** Sa 11–13 Uhr; Weinstube Di–Sa 17–21 Uhr | **Tipp** An der Ecke Allerheiligen-/Ludwigstraße befand sich zur Zeit Napoleons die Unterpräfektur, in der Kaiserin Josephine im Jahr 1805 übernachtet haben soll. Eine Nische im Haus heißt im Volksmund »Napoleonsbad«, ist aber leider nicht öffentlich zugänglich.

41 Der Feuerbachpark

Joggen überm Jenseits

Rings um den Feuerbachpark lässt es sich in sehenswerten Altbauten wohnen, mit und ohne Denkmalschutz. Eine Feuerbach-Skulptur steht am Eingang des Parks, der wesentlich jünger ist als sein Namenspatron. Er wurde erst im Jahre 1911 eingerichtet. An seiner Stelle lag zuvor eine Lehmgrube aus dem 15. Jahrhundert. Begeistert genutzt wird der große Spielplatz im Park. Jung und Alt finden in dem ein Hektar großen Areal Parkbänke und Wege für eine Joggingrunde.

An den Feuerbachpark grenzt das Neubau-Areal »Marienheim«, ein ehemaliges Seniorenheim mit Pflegeschule, das 2012 abgerissen wurde. In den Jahren bis 2016 entstanden an diesem Ort moderne Wohneinheiten in fünf Reihenhäusern. Nur eine Statuette von Maria mit dem Kinde verbleibt bis heute am Eingang zur Ludwigstraße.

Da in Speyer bei jedem Bauprojekt auf dem Gebiet der Altstadt die Archäologie ein Wörtchen mitzureden hat, wurde auch vor Baubeginn auf dem Marienareal erst einmal gegraben. An dieser Stelle befand sich einst ein römisches Gräberfeld. Gut erhaltene Sarkophage wurden freigelegt. 125 Gräber aus dem 1. bis 5. Jahrhundert nach Christus konnten wissenschaftlich dokumentiert werden. Zutage traten fünf kreisrunde Grabgruppen, möglicherweise um zentrale Grabhügel herum. Grabbeigaben waren Teller und Krüge; einer jungen Frau gab man einen Bronzespiegel und einen Würfel mit ins Jenseits. Viele der hier Bestatteten waren Frauen, oft jünger als 21 Jahre. Bis ins 2. Jahrhundert nach Christus wurden die Leichen verbrannt und in Urnen bestattet. Ab dem 4. Jahrhundert wurden Körperbestattungen in Holz- und Steinsärgen üblich. In den Gräbern wurden Gewandfibeln, Siegelringe, Haarnadeln und Armreife, Kämme und Glasflaschen gefunden. Das Gräberfeld erstreckt sich bis zur Schwerdstraße. Wo immer in diesem Areal Neues gebaut werden soll, müsste zuvor gegraben werden, denn es sind weitere Funde zu erwarten.

Adresse Ecke Ludwigstraße/Slevogtstraße, 67346 Speyer | ÖPNV Busse 572, 573, Station Landauer Straße | Tipp Die Feuerbach-Statue mit ihrem vergeistigt-abwesenden Blick wurde in den 1930er Jahren von Fritz Claus geschaffen.

42 Der Fischmarkt-Blick

Hinrichtung im Morgengrauen

Speyer ist eine Stadt der Fischer und Schiffer, voller Erinnerungen an Rheinfischfang und Fischerzunft. Der dreieckige Fischmarkt wird heute von Wohngebäuden gesäumt und durch ein Fischdenkmal geprägt. Von hier genießt man vor allem, wenn die Bäume keine Blätter tragen, einen wundervollen Blick auf den Kaiserdom. Weniger begeistert waren viele Bürger anfangs vom Fischdenkmal samt Brunnen aus dem Jahr 1982, geschaffen von Franz-Stefan Forler, Gewinner eines Gestaltungswettbewerbs der Stadt. Der Platz wurde damals zur Fußgängerzone umgewidmet. Im Sommer, wenn der Brunnen Erfrischung verspricht, schätzen ihn die Kinder als Spielplatz, die Anwohner haben den Riesenfisch akzeptiert.

Seine Lage am Speyerbach, der heute großteils unterirdisch fließt, wies den Fischmarkt als geeigneten Markt- und Stapelplatz aus. Schon für das Jahr 1290 ist ein »forum piscium« bezeugt, allerdings an anderer Stelle. Zum Holzmarkt hin schließt der Platz ab mit der Villa Wellensiek, heute ein Restaurant. Den Fischmarkt säumten einstmals mehrere Mühlen, die inzwischen verschwunden sind.

An Hausnummer 8 erinnert eine Gedenktafel daran, dass an dieser Stelle jahrhundertelang das Gefängnis »zum Salzturm« stand. Wo man früher Schinken und Fisch zum Einsalzen geben konnte, damit sie länger haltbar waren, sollten nun arme Sünder »schmoren« und für ihre Vergehen büßen. Der Salzturm war nur einer von vielen Speyerer Kerkern in den Stadttürmen. Im Jahr 1819 verschwand er aus dem Stadtbild.

Auf dem Fischmarkt wurde im Jahr 1641 Ratsherr Michael Keller auf einem eigens errichteten Gerüst hingerichtet. Der angesehene Herr hatte städtisches Geld aus einer Kiste entwendet und den Bürgern »großen Schaden verursacht«, wie es hieß. Da war ein frühmorgendlicher Hinrichtungstermin – ohne viele Zuschauer – schon eine besondere Gnade.

Adresse Fischmarkt, 67346 Speyer | ÖPNV Busse 564, 565, 568, Station Dom/Stadthaus | Tipp In der nahen Lauergasse 17 gibt es noch eine der seltenen Pferdemetzgereien (»Stamm«).

43 Flotzgrün

Insel als Hochwasserschutz

Bei Flotzgrün stoßen Gegensätze aufeinander. Die große, trapezförmige Rheininsel heißt auf alten Karten noch »Floßgrün«. Sie ist heute Hochwasser-Poldergebiet und zum Teil Naturschutzgebiet, wird von Deichen eingehegt und verfügt über Einlass- und Auslass-Tore. So kann sie bei Hochwasser gesteuert geflutet werden. Dies dient der Entlastung bebauter Nachbargebiete. Ein zehn Kilometer langer Informationsweg führt in einem Rundgang an diesem Areal entlang. Der Vollständigkeit halber sei angemerkt: Ein ungesteuerter Polder verfügt im Gegensatz zu einem gesteuerten über Überlaufschwellen, an denen Wasser einfließen kann. Flotzgrün leistet mit fünf Millionen Kubikmetern Rückhaltevolumen einen wesentlichen Beitrag zum gesamten Hochwasserschutz entlang des Rheins in Rheinland-Pfalz. Bei Hochwasserlagen spielt die Zeit, die durch gesteuertes Fluten gewonnen werden kann, eine entscheidende Rolle. Würde der ganze Polder Flotzgrün auf einmal geflutet, würde dies einen Zeitgewinn von 20 Minuten für die Gebiete flussabwärts bedeuten. In der Realität wird meist behutsam geflutet und damit noch mehr Zeit gewonnen.

Auf einem Teil von Flotzgrün unterhält die BASF eine Deponie mit Sondermüllentsorgung. 1999 wurde ein Schutzdeich gebaut, um dieses Gebiet vor Hochwasser abzuschirmen. Doch Flotzgrün ist in trockenen Zeiten auch ein Naturparadies. Viele Tier- und Pflanzenarten haben sich dem Rheinhochwasser über die Jahrmillionen angepasst. In der benachbarten, stillgelegten Mechtersheimer Tongrube besteht ein Vogelschutzgebiet.

Zwischen der großen Hauptinsel Flotzgrün, den verzweigten Halbinseln und den angrenzenden Inseln lässt es sich wandern, radfahren oder zu Wasser paddeln bis nach Berghausen und in den dortigen Altrhein. Eher etwas für Industriefotografen sind die mächtigen Kühltürme des stillgelegten Atomkraftwerks Philippsburg am Rheinufer gegenüber – solange sie noch stehen.

Adresse Berghäuser Altrhein, 67354 Römerberg | **Anfahrt** über den Parkplatz der Rheinhäuser Fähre (K3, Speyer) oder über Römerberg, am Ende der Straße »In den Rauhweiden« am Ufer entlang | **Tipp** Wer sich für andere Rheininseln interessiert, sei auf die Insel mit dem schönen Namen »Korsika« auf dem badischen Rheinufer verwiesen. Erreichbar von Speyer aus ist sie per Fahrrad mit der Rheinhäuser Fähre oder mit dem Auto über die Rheinbrücke.

44 Der Flugplatz

Speyer fliegt nachhaltig

Am Speyerer Flugplatz gibt es ein Terminalgebäude mit Tower, Lounge und Wartebereich mit authentischer Flughafenatmosphäre. Die hauseigene Fluggesellschaft nennt sich Silver Cloud Air. Mietwagen, Elektroroller und Leihfahrräder stehen ankommenden Fluggästen zur Verfügung. Flugzeuge bis zu 20 Tonnen, auf Anfrage sogar mehr, können auf dem Flugplatz starten und landen. Kein anderer Landeplatz im Umkreis von 100 Kilometern macht das möglich. Für Leichtflugzeuge ist bleifreies Tanken und somit auch emissionsarmes Fliegen möglich. Zur Zeit seiner Gründung im Jahr 1913 gehörte der Verkehrslandeplatz Speyer zu den ersten Flugplätzen Europas. Die Landebahn misst heute 1.677 Meter und ist damit die längste im weiten Umkreis, was von Geschäftsreisenden in der Rhein-Neckar-Region geschätzt wird. Mittelständische Unternehmen nutzen den Platz für europaweite Businessflüge; auch für medizinische und Rettungsflüge ist er wichtig.

Was kaum jemand vermutet hätte: Die umliegenden Grünflächen, die größten gewerblich genutzten der Stadt, werden ökologisch gepflegt, um Artenvielfalt zu kultivieren. Deswegen werden sie in Kooperation mit dem BUND zweimal im Jahr nur jeweils zur Hälfte gemäht. Zahlreiche Bienenhotels für insgesamt bis zu 150.000 Insekten, sowohl für Wild- als auch für Imkerbienen, liegen über das Gelände verteilt. Die Speyerer Bienen produzieren auf den Magerwiesen des Flugplatzes einen feinwürzigen »Flugplatzhonig«.

Wer fliegen lernen möchte, hat die Wahl zwischen mehreren Flugschulen in Zusammenarbeit mit ortsansässigen Piloten und Vereinen. Zum Smalltalk und Fachsimpeln bietet das Bistro »Meridian« an der Nordseite des Flugfelds einen Stammtisch und Plätze mit Sicht aufs Flugfeld. Hobbypiloten berichten von der Herausforderung, bei Start und Landung zwischen Dom und dem Atomkraftwerk Philippsburg hindurch zu navigieren.

Adresse FSL Flugplatz Speyer/Ludwigshafen GmbH, Joachim-Becher-Straße 2, 67346 Speyer, www.flugplatz-speyer.de | ÖPNV Bus 562, Station Am Flugplatz | Öffnungszeiten Mo–Fr 7–20 Uhr, im Sommer auch Sa und So 9–20 Uhr; Bistro Mi–So 11.30–19 Uhr | Tipp In der Nähe lädt die umgebaute Halle 101, eine ehemalige Werkhalle der Pfalz Flugzeugwerke zu Rock-Konzerten, häufig mit lokalen Newcomer-Bands.

45 Das Galgenplätzel

Unter einem Fluch?

In mondhellen Nächten sollen die Seelen von unschuldig Hingerichteten am Galgenplätzel umgehen. Dieser leicht zu übersehende Ort bei Lingenfeld südlich von Speyer wurde 1456 erstmals urkundlich erwähnt. Das Gelände gehörte damals zum Eußerthaler Klosterhof. 1956 pflanzte man zur Erinnerung an die Stelle des Galgens einen Mammutbaum und grub unter seinen Wurzeln eine Flasche mit Urkunde ein. Der Mammutbaum überlebte jedoch nicht lange, und auch die Flasche samt Urkunde verschwand. Einige Lingenfelder sehen das als Zeichen für einen Fluch. Das Grundstück unter dem offenkundigen »Galgenfluch« blieb auch von den Anrainern unangetastet. Nur der heutige, neu errichtete Galgen scheint sich wohlzufühlen.

In der Stadt Speyer ist als Hinrichtungsplatz der Rabenstein, damals außerhalb der Stadt, bekannt. Bei Lingenfeld kann man sich jedoch weit besser vorstellen, wie der letzte Gang, der Armesünderweg aus dem Ort hinaus auf den Galgenberg in der freien Natur, aussah. Das Hängen gehört zu den ältesten Hinrichtungsarten der Menschheit und wurde zunächst an Eichen, später an eigens gezimmerten Galgen vollzogen. Diese lagen meist an Gemarkungsgrenzen, an stark befahrenen Straßen und leicht erhöht. Die Hingerichteten wurden als Warnung noch lange hängen gelassen. Mittelalterliche Strafen waren sehr hart. Manch einer wurde für Mundraub aus Hunger gehängt. Lingenfeld ist die einzige Gemeinde in Deutschland, in der der Hinrichtungsplatz aus dem Mittelalter heute noch eine eigene Flurnummer hat. Sogar funktionsbereit wirkt er.

Heute steht der Galgen neben einem Baum und ist durch Begrenzungssteine eingefasst. Zu ihm führt kein Weg oder Trampelpfad. Zu Fuß erreicht man ihn auf einem bewachsenen Wildgrasstreifen zwischen zwei Feldern. Das Auto muss weit entfernt geparkt werden, denn auf der vorbeiführenden Landstraße fließt der Verkehr sehr schnell, es gibt keine Haltebucht.

Adresse Am Brünnelberg (L507), 67360 Lingenfeld | Anfahrt von Speyer B9, Ausfahrt Lingenfeld Nord, der Schwegenheimer Straße bis Lingenfeld folgen, am Ortsanfang links auf Altspeyerer, dann Speyerer Straße abbiegen, auf Höhe der 2., kleineren Abzweigung zum Badesee Lingenfeld (rechts) sieht man links im Feld den Galgen samt Baum | Tipp In Lingenfeld wurde der vergrabene Schatz eines wohlhabenden Kaufmanns entdeckt. Er wird im Historischen Museum Speyer verwahrt. Eine Replik ist im Museum »SchPIRA« im Judenhof zu sehen.

46 Die Gedächtniskirche

Kunst und sphärisches Licht

Als Gegenpol zum katholischen Kaiserdom wurde 1904 die Gedächtniskirche für die Protestation vollendet. Dem damaligen Zeitgeschmack entsprechend, entschied man sich für einen neugotisch-historisierenden Baustil. Der Kauf des Grundstücks am westlichen Stadtrand erfolgte 1883. Aufgrund von Finanzierungsproblemen kam es erst zum Spatenstich, nachdem Kaiser Wilhelm II. persönlich seine Unterstützung für das Projekt erklärt hatte. 1893 wurde der Grundstein gelegt. Der Bau dieses Dom-Gegenpols rief wiederum eine katholische Reaktion hervor. Bis 1914 wurde in der Nähe die katholische Sankt-Josephs-Kirche auf dem Gelände des ehemaligen Kapuzinerklosters Sankt Ägidien errichtet. Das heutige Stadtbild wäre ohne den 105 Meter hohen protestantischen und die beiden 91 Meter hohen Türme der katholischen Sankt-Josephs-Kirche wesentlich ärmer.

In der Vorhalle des meist nur »Gedächtniskirche« genannten Gotteshauses, samt ihrer Lutherstatue mit geballter Faust, ist man geradezu gezwungen, über die Protestation nachzudenken, von der sich der Begriff »Protestanten« herleitet. Nach Luthers Widerrufsverweigerung auf dem Wormser Reichstag 1521 gestattete Kaiser Karl V. den protestantischen Fürsten und Ländern zunächst die freie Religionsausübung. Auf dem Speyerer Reichstag 1529 nahm er dieses Zugeständnis zurück. Die betroffenen Fürsten, allen voran Philipp der Großmütige, legten Protest ein.

Die Kirche, ob Fenster, Figuren oder Dach, wurde so hochwertig ausgestattet, dass auch Kunsthistoriker, die den Historismus sonst eher stiefmütterlich behandeln, von ihrer Bedeutsamkeit überzeugt sind. Dank dieser Kirche wurde der Historismus sogar mittlerweile in Kunsthistorikerkreisen rehabilitiert. Viele junge Menschen beeindruckt das changierende Beleuchtungskonzept an der Chorschiffdecke, das zur meditativen Versenkung einlädt – auf Neudeutsch zum »Chillen«.

Adresse Ecke Schützenstraße/Landauer Straße, 67346 Speyer | **ÖPNV** Bus 562, Station Bartholomäus-Weltz-Platz | **Öffnungszeiten** Di–So 10–17 Uhr | **Tipp** Der Villenbau auf der gegenüberliegenden Straßenkreuzung verdient ebenfalls einen bewundernden Blick. Derzeit befindet sich ein griechisches Restaurant darin.

47 Die Gedenkhalle

Antiken-Hype und Militaria

Zur bayerischen Zeit war in Speyer ein »Königlich Bayerisches Pionierbataillon« stationiert. Die Loggia im Domgarten dient als Gedenkhalle für die Gefallenen aus diesem Bataillon. Dabei wurde das Bauwerk ursprünglich als Antikenhalle konzipiert. Zu Beginn der bayerischen Zeit waren solche Hallen, in denen Spolien und Funde bewundert werden konnten, in Mode. Man nannte sie auch Lapidarium oder Antiquarium. Es war die Phase, als erste Grabungen in Speyer Funde aus der Römerzeit zutage brachten. Der bayerische Regierungspräsident Joseph von Stichaner schwärmte für die Antike. Er beauftragte den Friedrich-Weinbrenner-Schüler und Bauconducteur Johann Philipp Mattlener mit dem Bau dieser mondänen Loggia an der Stelle der 1689 zerstörten Nikolauskapelle. Deren Ruine brach man 1825 für den Neubau ab.

Die Sammlung in der Loggia fand die Anerkennung des Gelehrten Friedrich Thiersch: »Das Antiquarium … überraschte mich durch die Fülle und Bedeutung der sämtlich im Rheinkreise gefundenen Alterthümer, in Thon, Stein, Marmor und Bronce.« Die Funde wurden bald zu umfangreich, um sie vollständig auszustellen. Sie bildeten den Grundstock für das Historische Museum der Pfalz. Nach dem preußischen Sieg über die Franzosen von 1871 kündeten die vom Erbfeind erbeuteten Geschütze in der Loggia von Glanz und Gloria des Vaterlands. Der Volksmund taufte sie daher kurzerhand um in »Kanonenhalle«. 1930 wurde sie zum Ehrenmal der bayerischen Pioniere umgewidmet und 1934 als solche eingeweiht.

Im mittleren Feld der Halle hängt die bronzene Widmung für das Pionierbataillon. Innen steht der Gedenkstein. Metallschilde präsentieren das bayerische Wappen sowie das alte Reichswappen. Um das Denkmal in seinen historischen Kontext einzubetten, wurde die Inschrift »Unseren Gefallenen und den Opfern des Zweiten Weltkrieges zum Gedächtnis« hinzugefügt.

Adresse Antikenhalle, Edith-Stein-Platz 7, 67346 Speyer | ÖPNV Busse 564, 565, 568, Station Domplatz | Öffnungszeiten rund um die Uhr | Tipp Ein weiteres Beispiel für den Umgang mit problematischen Denkmälern ist der Sankt-Georgs-Brunnen vor der Alten Münze zum Gedenken an die Gefallenen des Ersten Weltkriegs. Den Originalinschriften wurde später ein Verweis auf den damaligen Zeitgeist hinzugefügt.

48 Das Gryne Band

Auf dem Weg zur »grynen« Stadt

Seit 2019 zieht sich ein »Grynes Band« durch Speyer. Auf öffentlichen Plätzen wie dem abgebildeten Sankt-Guido-Stiftsplatz und an Straßenecken erfreuen Wiesenblumen das Auge. Manche Blumengebinde wirken gepflegt, andere scheinen nach Wasser und Schnitt zu lechzen. Diese von der Stadt und vielen Künstlern initiierte Aktion sollte »grünes« Bewusstsein in der Öffentlichkeit verankern. Das Y im Namen erinnert an dasjenige im Namen der Stadt und ähnelt zugleich dem Verlauf der Hauptverkehrsachse durch die Altstadt.

Ursprünglich wurden 120 Pflanzengefäße entlang dieser y-förmigen Achse aufgestellt. Zahlreiche Bürger, Künstler, Schulklassen, Vereine, Initiativen, Unternehmen und Geschäfte machten mit. Bis heute pflegen »Paten« ihre Pflanzen, gießen, jäten Unkraut und pflanzen neu, soweit sie Zeit dazu finden. Die Stadt, welche bereits 2016 die »Agenda 2030 für nachhaltige Entwicklung« unterzeichnet hatte, konnte durch die Aktion ein Zeichen dafür setzen, dass sie es ernst meint. Künstler visualisierten mit Skulpturen die Idee, dass die Natur menschengeprägten Raum auch wieder zurückerobern kann (und soll) und machten dies zum Teil über Installationen konkret erfahrbar. Im Adenauerpark erinnerte ein »Plastic Island« auf dem Parkteich an die Verschmutzung der Meere durch Plastik, was zu Diskussionen unter den Speyerern führte.

Manche der im Zusammenhang mit dem »Grynen Band« initiierten Projekte werden dauerhaft weitergeführt oder weiterentwickelt. So gibt es Bieneninitiativen, Aktionen zu Handyspenden, Mehrwegtaschen und -trinkbecher, den »fairen Stadtplan« oder das Konzept der »Eh-da«-Flächen. Naturschutzflächen wurden im Auwald und in den Sanddünen (siehe Ort 88) ausgezeichnet, Infotafeln und ein Auwald-Lehrpfad entwickelt. Im Rahmen von »Global Nachhaltige Kommune Pfalz« entwickelt die Stadt das Programm »Nachhaltiges Speyer« weiter.

Adresse St.-Guido-Stiftsplatz, 67346 Speyer, weitere Informationen: www.speyer.de/de/standort/stadtmarketing/das-gryne-band | **ÖPNV** Bus 567, Station St.-Guido-Stiftsplatz | **Tipp** An den St.-Guido-Stiftsplatz grenzt der Kult-Imbiss »Currysau«.

49 Handfairlesen

Schönheit ohne Reue

Am Königsplatz bietet Rita Zech Schönes und Handgefertigtes aus aller Welt, aber auch Schmuck oder Keramik von Speyerer Kunsthandwerkerinnen. Alles in diesem Geschäft atmet Duft und Schönheit, ob blumiges Lieblingskleid, Klangschale, Stimmgabel, Zimbel, Yogamatte oder Räucherwerk, esoterische Steine, Edel- und Halbedelsteine, Düfte oder Essenzen. Den »Tante-Emma-Laden der schönen Dinge« nennt die Inhaberin ihr Geschäft. Auf Asienreisen an Erfahrungen rund um Yoga, Ayurveda und manch esoterische und schamanische Einflüsse gewachsen, ist sie überzeugt vom Gedanken umfassender Fairness. Ihre Produkte sollen allen am Herstellungs- und Verkaufsprozess Beteiligten zugutekommen und niemanden ausbeuten. Sie werden ökologisch verpackt. Am besten ist es natürlich, Produkte zu erwerben, die überhaupt keine Verpackung benötigen, Festshampoo und Festduschgel etwa. Was im Laden steht, wurde mit viel Liebe ausgesucht. »Mit Gespür für Details und aus Wertschätzung für das Handwerk habe ich Produkte gewählt, die mich persönlich begeistern«, bekennt die Inhaberin. Und so kam es zum Laden-Namen »Handfairlesen«. »Hand« steht für die aus aller Welt und aus der Region zusammengetragenen Handarbeiten. »Fair« bedeutet ein für alle Beteiligten guter Preis, eine genaue Beschreibung, ökologische Verpackung beziehungsweise eine Wiederverwendung der Verpackungen. Und »Lesen« steht für die mit Liebe ausgewählten, erlesenen Produkte, die lange Freude bereiten.

Wer hier stöbert, findet plastikfreie Seifen, Deos und Cremes. Oder Bekleidung, Taschen und Accessoires aus Organic Cotton, Hanf oder Bambus, die über Jahre nutzbar sind. Der kleine Innenhof hinter dem Laden und der Seminarraum bieten Platz für Räucher-Workshops oder Meditationsanleitungen. Wer sich für das Räuchern im Rhythmus der Jahreszeiten interessiert, erhält fachkundige Tipps von der Inhaberin – und das Räucherwerk gleich dazu.

Adresse Schustergasse 4, 67346 Speyer, www.handfairlesen.de | **ÖPNV** Busse 564, 565, 568, Station Maximilianstraße | **Anfahrt** Parken kann man auf dem Königsplatz | **Öffnungszeiten** Mo–Fr 10–18 Uhr, Sa 10–15 Uhr | **Tipp** Samstags findet auf dem Königsplatz rund um den Handwerkerbrunnen mit seiner Figur des Speyermer Brezelbubs von Karl Wex (1953) der Wochenmarkt statt. Gern nimmt man sich Zeit für ein kleines Schwätzchen.

50 Der Hasenpfuhl

Unter Fischern und Schiffern

Die Hasenpfuhlstraße war schon etwa ab dem Jahr 1300 Hauptstraße der Fischervorstadt. Erstmals bezeugt ist das auf einer sumpfigen Niederung am Speyerbach entstandene Wohngebiet der Fischer im Jahre 1235. Um 1276 wurde es als »ultra hasinpul« bezeichnet, auf Lateinisch »lacus lepurinus« oder »ultra lutum leporinum extra muros Spirenses«. Auch die Fischerzunft ist seit jener Zeit bezeugt. Neben Fischern wohnten hier Karrenführer, Bauern und Schiffer in einfachen Häuschen. Schon im 14. Jahrhundert wurde das sumpfige Gebiet ummauert und an die Stadt angeschlossen.

1229 ließen sich Ordensschwestern auf dem Gebiet nieder, die sogenannten Reuerinnen der Heiligen Magdalena. Der Speyerer Patrizier Walter Bart verkaufte ihnen den Boden für ihr Kloster, das noch immer bestehende Magdalenakloster. Heute ist es ein Dominikanerinnenkloster. In den 20er Jahren des letzten Jahrhunderts lebte dort die konvertierte jüdische Philosophin und Theologin Edith Stein, später heiliggesprochen (siehe Ort 28).

Fürsprecher der Fischerzunft war der heilige Nikolaus. Davon zeugt die Nikolausstatue auf der Brücke, die den Hasenpfuhl mit der Innenstadt verband, heute Sonnenbrücke genannt, damals Nikolausbrücke. Über einen Nikolaussteg führte sie zur mittlerweile abgetragenen Nikolauskapelle am Dom, wo mancher Fischer Gott für einen guten Fang dankte. Anschließend ging es in eine der Fischerschenken, etwa das heutige »Gasthaus zum Halbmond«. Auch im »Haus zur Sonne«, heute bewohnt, gab es früher eine Schenke.

Bis 1689 war der Hasenpfuhl dicht besiedelt. Er umfasste immerhin 15 Prozent des Gebäudebestands Speyers, der damals insgesamt nur 889 Häuser zählte. Die meisten heutigen Häuser im Hasenpfuhl stammen aus dem 18. und 19. Jahrhundert. Von ehemals 42 öffentlichen Brunnen der Stadt steht hier noch einer vor der Hausnummer 42 A (Foto).

Adresse Hasenpfuhlstraße, 67346 Speyer | ÖPNV Busse 564, 565, 568, Station Dom/Stadthaus | Tipp Direkt gegenüber ist ein großer Fachwerkhof von 1747 erhalten; daneben die Ferienwohnung »Altstadthaus« – nicht zu verwechseln mit dem »Altstadthaisl« etwas weiter die Straße hinunter, einem Veranstaltungsort, der 1978 von den Mitgliedern eines Stammtischs renoviert wurde.

51 Das Haus des Alchemisten

Schillerndes Universalgenie

Jemand, der mehrere Leben zu haben scheint, der aus Steinkohle Teer destilliert und Leuchtgas erzeugt, der Schleusen entwirft – so jemanden kann es nicht geben? Jemand, der nach einem Jahr Studium mit dem Doktortitel gekrönt wird und Medizinvorlesungen hält, der im südamerikanischen Guyana eine hessische Kolonie plant, es zum kaiserlichen Rat und Hofmathematiker bringt und Gold aus Fluss-Sand gewinnt: Eine solche Figur stammt nicht etwa aus einem Roman, sondern aus dem Speyer des Barock.

Gemeinhin als Alchemist bezeichnet, war der Sohn des Pfarrers an Sankt Georg, Johann Joachim Becher, zugleich ein bekannter Merkantilist, der sich für die Stärkung des Binnenhandels aussprach. Der 1635, mitten im Dreißigjährigen Krieg, geborene Universalgelehrte mühte sich um eine Systematisierung chemischer Reaktionen und prägte die Theorie vom Phlogiston, einem Stoff, der bei Verbrennungsreaktionen entstehe. Erst über 100 Jahre später wurde diese These widerlegt. Becher genoss viele angesehene Stellungen. Er kam schon als 13-Jähriger mit dem schwedischen Stiefvater in ganz Europa herum. München, Hanau, Stockholm, Amsterdam, Venedig und der Wiener Kaiserhof waren nur einige seiner Stationen, bevor er sein Leben 1682 in London beschloss.

Wie im Leben seines fiktiven Zeitgenossen Simplicissimus ging es bei Becher von atemberaubenden Aufstiegen oft jäh wieder bergab. Aus der südamerikanischen Kolonie wurde nichts, weil der gräfliche Auftraggeber entmachtet wurde und zudem pleite war. Zwar heiratete Becher in Mainz 1682 die Tochter des Uni-Dekans, doch wurde er als frisch gebackener Doktor der Medizin schon zwei Jahre später wieder aus der Fakultät ausgeschlossen.

Eine nach Johann Joachim Becher benannte Gesellschaft würdigt sein Andenken mit Vorträgen, Workshops und mit Modellen seiner Erfindungen, die im Haus der Gesellschaft ausgestellt sind.

Adresse Geburtshaus im Hof der Dreifaltigkeitskirche, Große Himmelsgasse 4, 67346 Speyer | ÖPNV Busse 564, 565, 568, Station Dom/Stadthaus | Öffnungszeiten nicht öffentlich zugänglich | Tipp Die Johann-Joachim-Becher-Gesellschaft hat ihren Sitz in einem Gebäude des Judenhofs, wo eine Tafel an ihn erinnert. Geöffnet wird auf Anfrage.

52 Das Heidentürmchen

Fluchttunnel für den Bischof

Die Stadtmauer lugt in Speyer an vielen Stellen zwischen den Häusern hervor. Oftmals wird sie eingerahmt von dekorativem Grün und kleinen Parkanlagen. Der älteste erhalte Stadtmauerabschnitt stammt bereits aus ottonischer Zeit, nämlich aus dem Jahr 969. Noch älter ist nur ein kleines Stück römischer Stadtmauer im heutigen Dompark (siehe Ort 85). Dass im Hochmittelalter die Stadtmauer so dicht am Dom wie auch am sogenannten Heidentürmchen vorbeiführte, mag verwundern. Die Erklärung liegt im damaligen Rheinverlauf. Mauer und Stadttor begrenzten Speyer gegen den Rhein, der direkt davor verlief. Der mittlerweile verschwundene Bischofspalast lehnte sich an die Dom-Nordseite an. Ein Tunnel unter dem Gelände soll vom Bischofspalast zum Stadttor und zum rettenden Rheinufer geführt haben, wo vermutlich ein bischöflicher Nachen bereitstand. Denn nicht immer standen sich Stadtrat und Bischof gut miteinander.

Anderen Menschen brachte der Rhein an dieser Stelle den Tod. So wurden Diebe in einen Sack eingenäht und hinter dem Stadttor in den Strom geworfen. Überliefert ist die Geschichte einer »leichtfertigen« Dame aus dem 15. Jahrhundert, die bereits mit abgeschnittenen Ohren nach Speyer gekommen sein soll. Nachdem sie einem Freier, gar einem aus den Kreisen der Geistlichkeit, Bettzeug und Bettstatt gestohlen hatte, war das Maß voll. Sie landete im Rhein.

An den Turmböden des Heidentürmchens sind die beiden Gesichter »Heide« und »Heidin« zu erkennen, die wohl namensgebend für den Turm wurden. Die mittelalterliche Stadtmauer der Kernstadt aus dem 13. Jahrhundert war einmal mit 21 Türmen bewehrt. Nach den Zerstörungen durch den Stadtbrand 1689 wurden Stadtmauerstücke vielfach für den Wiederaufbau von Gebäuden verwendet. Das kann man heute noch an Häusern in verschiedensten Gebieten der Stadt beobachten, beispielsweise am Holzmarkt, am Hammelturm oder in der Allerheiligenstraße.

Adresse Oberer Domgarten, 67346 Speyer | ÖPNV Busse 564, 565, 568, 717, Station Domplatz | Tipp Wer keine Angst vor Moos und zudem ein Set Schachfiguren dabei hat, kann an einem der Tische im Domgarten Platz nehmen für eine Schachpartie mit Domblick.

53_Die Heiliggeistkirche

Revoluzzer und Theatervolk

In der Heiliggeistkirche, im Jahr 1702 für die reformierte Gemeinde errichtet, probt und spielt das Zimmertheater Speyer noch bis zur Saison 2024, wenn seine Spielstätte im Kulturhof Flachsgasse fertig renoviert ist. Schon 1979 wurde diese Kirche »profaniert« und zum Aufführungsort weltlicher Konzerte, Vorträge und anderer Veranstaltungen. Einige der »profansten« Nutzer trafen sich jedoch 1792 in ihren Mauern: der Club der Speyerer Jakobiner, ein gutes Dutzend revolutionär gesinnter Bürger.

Am 30. September 1792 marschierte General Custine in Speyer ein und ließ einen Freiheitsbaum errichten. Nach zehn Tagen zog er wieder ab; allzu eifrige Plünderer unter seinen Soldaten ließ er erschießen. Seinem Aufruf, sich der Französischen Republik anzuschließen, folgten nur wenige Speyerer Jakobiner. Dennoch wurde der Stadtrat abgesetzt und ein Jakobiner zum neuen »Maire« bestellt – bis zum 31. Mai des Folgejahrs. Denn da mussten die Franzosen den kaiserlichen Truppen der Reaktion weichen. Die Jakobiner landeten am Schandpfahl und wurden zu Schanzarbeiten verdonnert. Im Januar 1794 kamen die Franzosen zurück. 400.000 Livres verlangten sie von den Bürgern, die die ausgeplünderte Stadt nicht mehr aufbrachte. Nach dem erneuten Abzug der Franzosen erhielten die Jakobiner Stockschläge und mussten die Gassen kehren.

So ging es noch mehrmals hin und her, die Franzosen nahmen einzelne Bürger als Geiseln und ließen sie sich von den Speyerern, die Unterstützung erhielten, auslösen.

Freiheit, Gleichheit, Brüderlichkeit – das klang zu der Zeit nur noch nach neuen Plünderungen in einer Stadt, die erst 1789 ihr Auferstehen aus dem Brand von 1689 gewürdigt hatte. Bürger, welche sich bei den Kaiserlichen über deren ebenfalls harte Abgaben beklagten, erhielten die zynische Antwort, den Franzosen habe sich die Stadt entgegenkommender gezeigt.

Adresse Johannesstraße 6, 67346 Speyer | **ÖPNV** Busse 564, 565, 568, Stationen Dom/Stadthaus oder Maximilianstraße | **Tipp** Von der Original-Innenausstattung der reformierten Kirche sind Predigerkanzel und Orgel noch aus dem 18. Jahrhundert erhalten.

54 Der Holzmarkt

Wo einstmals der Kot landete

Die heutige Sankt Georgengasse hieß früher »Quat«-Gasse – der Begriff deutet auf Kot hin. Von dort gelangte man über eine Brücke auf den Holzmarkt. Da im Mittelalter der Unrat gern in fließenden Gewässern entsorgt wurde, war das Müllproblem häufig Gegenstand öffentlicher Verordnungen. Erst im Jahr 1980 wurden Holzmarkt und Sankt Georgengasse so umgestaltet, dass die »Kotbrücke« verschwand.

Ein Umschlagplatz für Holz, ein »forum lignorum«, wurde schon Anfang des 14. Jahrhunderts in Speyer erwähnt, doch lag dieser vermutlich erst später an der heutigen Stelle. Der Torturm nahe dem heutigen Platz, der französische Leichtigkeit auszustrahlen scheint, wurde schon früh als »Holzturm« bezeichnet. Holz, im Mittelalter ein besonders wichtiger Brenn- und Rohstoff, konnte vom Rhein über den Speyerbach hierher verschifft werden. Der Bach, der an dieser Stelle verläuft, wird heute unterirdisch geführt. In früheren Jahrhunderten war das Gewässer bis zu 15 Meter breit und schiffbar. Am Holzmarkt konnten so Waren vom Boot entladen und zum Verkauf angeboten werden. Denn Speyer besaß das Stapelrecht, das Recht, anlandende Ware zu stapeln und zu Markte zu tragen.

Über viele Jahrhunderte, vermutlich bis ins 18. Jahrhundert, prägte den Holzmarkt eine alte Mühle, die schon 1349 erwähnt wurde. Mal diente sie als Lohmühle, mal als Gersten- oder Hirsemühle. Ein Teil der Anlage wurde in den 1980er Jahren restauriert. Damals setzte man neben das alte Gebäude einfach den Torbogen einer Zehntscheuer aus der Rossmarktstraße, der gar nichts mit der Mühle zu tun hatte. Kurios ist jedoch, dass die zugehörige Zehntscheuer mittlerweile verschwunden ist.

Die heute zu sehenden höheren Gebäude um den Holzmarkt mit seinem authentischen Flair stammen aus dem 18. und 19. Jahrhundert. An der Grenze zum benachbarten Fischmarkt steht die Villa der Tabakfabrikantenfamilie Wellensiek, inzwischen ein Restaurant.

Adresse Holzmarkt, 67346 Speyer | ÖPNV Busse 564, 565, 568, Station Dom/Stadthaus | Tipp Vom Holzmarkt aus bieten sich vor allem zum Altstadtfest Einblicke in die umliegenden, halb privaten Gässchen und Höfe.

55 Der Industriehof

Das Material, aus dem UFA-Träume waren

Einer der coolsten Speyerer Orte ist der Industriehof. Die ehemalige Fabrik im Wohn- und Gewerbegebiet Industriehof wurde 1897 von Franz Kirrmeier gegründet. In den Einzelgebäuden wurde das hoch brennbare Zelluloid hergestellt, der erste thermoplastische Kunststoff überhaupt. Beliefert wurde unter anderem die Filmindustrie. Die Speyerer Fabrik beschäftigte zu ihren besten Zeiten bis zu 1.000 Menschen. Seit den 1950er Jahren wurde Zelluloid jedoch immer mehr durch Kunststoffe wie PET ersetzt; die Produktion in Speyer endete 1968. Die gut erhaltene Anlage mit ihrem fotogenen Schornstein ist eine der letzten ihrer Art in Deutschland.

Ob Jungakademiker oder Eltern mit kleinen Kindern: Man fühlt sich wohl im urbanen Ambiente dieses gefühlten Stadtteilkiezes Industriehof. Aus Cafés, Werkstätten, aus den geheimnisvollen Fabrikgebäuden ertönt Musik, ob Chillout, Clubsound oder Drum Solo.

An Sommerabenden lockt die »Industriehof Schenke«, vielen noch als »Industriehof Garten« bekannt. Gute Laune kommt von allerlei originellen Sprüchen, die hier zu lesen sind. Ein paar Beispiele: »A Weinchen a day keeps the stress away« bedient die Anglophilen und »De Dorscht, der macht erscht richtig Spaß, Hoscht so e Pälzer Dubbeglas« die Heimatverbundenen. Verlockend duften frisch im Holzofen gebackene Flammkuchen, die nächtliche Hungerattacken auch dann noch stillen, wenn anderswo die Küche schließt. Wer sich nicht gern auf einen Sitzplatz festlegt oder keinen mehr findet, lässt die Beine über eine Kiste baumeln und betrachtet den Abendhimmel durch die Blätter eines Apfelbaums voller Glühbirnen. À propos Glüh… Glühwein gibt es im Winter auf dem Gelände des Industriehofs zum jährlichen Weihnachtsmarkt. Weitere Gastrobetriebe und künstlerisch ambitionierte Hand-Werk-Stätten laden zum Stadtteilbummel ein und fördern immer wieder Überraschungen zutage.

Adresse Franz-Kirrmeier-Straße 19, Halle 2 E, 67346 Speyer | Anfahrt per Auto oder Rad die Stadt Richtung Norden über die Franz-Kirrmeier-Straße verlassen, links in den Industriehof biegen | Öffnungszeiten Industriehof Schenke Do 16–21 Uhr, Fr 16–22 Uhr, Sa 14–22 Uhr, So 14–21 Uhr | Tipp »Bau 113« im Industriehof ist ein Fotostudio in urbaner Ästhetik.

56 Der Jakobspilger

Pilgerstätte – nicht nur für Touristen!

Der Pfälzer Jakobsweg verläuft mitten durch die Stadt. Das demonstriert ein überlebensgroßer Wanderpilger auf der Maximilianstraße. »So ziehet in Gott den Weg!« lautete ein alter Pilgergruß. Manche Pilger wandelten im Mittelalter jahrelang auf Pilgersfüßen, manche als Buße für eine bestimmte Tat. Manch einen zog es bis ins nordspanische Santiago de Compostela, andere gingen nur Teilstrecken oder pilgerten zu anderen Stätten der Christenheit. In Speyer trafen die Pilgerrouten aus den Rheinlanden und aus Nordosteuropa zusammen. Der weitere Weg führte über die Südroute über Lingenfeld, Germersheim, Landau und Bad Bergzabern ins Elsass. Es gab auch eine nördliche Route über Dudenhofen und Neustadt bis zum Kloster Hornbach südlich von Zweibrücken.

Im Speyrer Dom thronte als Patrona Spirensis seit salischer Zeit ein vergoldetes Gnadenbild der Madonna. Zu Beginn des 14. Jahrhunderts wurde es durch ein gotisches Bild ersetzt, das als wundertätig galt. Wie zum Beweis überstand es den Brand von 1689. Erst der Revolutionswut der Franzosen 100 Jahre später war die Madonna nicht mehr gewachsen. 1794 verbrannte sie zusammen mit dem Dom-Inventar. Damit erlosch auch die Wallfahrt. Eine Nachbildung des Wallfahrtsbildes war noch bis 1856 im Kaisersaal des Doms zu sehen. Zum 900-jährigen Dom-Jubiläum im Jahr 1930 wurde ein neues Marienbild erstellt und vom damaligen Papst geweiht. Die Wallfahrt erfuhr eine Neubelebung. Vor diesem Bild betete auch Papst Johannes Paul II. auf seinem Speyerbesuch.

Wallfahrtstag in Speyer ist der 15. August, Mariä Himmelfahrt. Abends findet im Dom eine Marienfeier mit Lichterprozession im Domgarten statt – eine magische Erfahrung. Das Bistum gibt einen Pilgerführer mit Stempelheft heraus, der 40 Wallfahrtsorte in der Pfalz vorstellt, von Kaiserslautern bis Erfweiler. Er vermittelt einen Eindruck von der Ausdehnung und Vielfalt des Bistumsgebiets.

Adresse Maximilianstraße, 67346 Speyer | ÖPNV Busse 564, 565, 568, Station Dom/Stadthaus | Tipp Erhalten ist von der Wallfahrtsfigur noch ein Rest, der im Dom- und Diözesanmuseum innerhalb des Historischen Museums der Pfalz ausgestellt ist.

57 Die Jesuitengruft

Letztes Zeugnis des Ordens

Im Zeitalter der Gegenreformation des 16. Jahrhunderts waren Jesuitenkollegs bei den Katholiken begehrte Horte der Bildung und der Stärkung im »rechten« Glauben. Nachdem sich Lambert Auer, der Rektor des Jesuitenkollegs Mainz, im Jahr 1564 in Speyer aufgehalten und die Katholiken durch seine Predigten im Dom begeistert hatte, gründete das Domkapitel 1571 ein eigenes Jesuitenkolleg. Auch der berühmte Petrus Canisius, später heiliggesprochen, soll am Speyerer Kolleg unterrichtet haben.

Darüber hinaus bat das Domkapitel Jesuitengeneral Franz von Borgia um die Entsendung von fünf Jesuiten nach Speyer, wovon einer Griechisch verstehen, ein zweiter Hochdeutsch im Dom predigen und die anderen drei theologische Vorlesungen halten sollten. Schon bald übernahmen die Jesuiten die vom Domkapitel gegründete Domschule. Um 1600 gab es 500 Schüler.

An der Ecke Stuhlbrudergasse/Pistoreigasse errichteten die Jesuiten ein neues Schulgebäude sowie eine Kirche auf der gegenüberliegenden Straßenseite. Diese erhielt eine Grabgruft, die im Gegensatz zur Kirche heute noch besteht.

Nicht einmal 90 Jahre später ging alles in den Flammen des großen Stadtbrands auf. 1773 löste der Papst den Jesuitenorden auf. Französische Revolutionstruppen plünderten Kolleg, Kirche und Gruft. Solange der Dom für Gottesdienste gesperrt blieb, wichen die Gläubigen in die verbliebene Jesuitenkirche aus. Nach der Säkularisierung wurde diese verkauft und aus ihrem Erlös der Wiederaufbau des Doms finanziert. Unter den Bayern diente die Kirche als Reithalle und das Kolleg als Kaserne. Im Jahr 1880 wurde die Kirche abgerissen und 1910 statt ihrer die Domherrenkurie errichtet. Die Gruft wurde dabei verfüllt. Erst 1925 trat sie bei Kanalarbeiten wieder zutage. Heute ist sie nur noch zu Spezialführungen zugänglich und verbirgt sich, unscheinbar und doch zentral, hinter einer dunklen Eisentür.

Adresse Grundstück vor Gebäude Stuhlbrudergasse 2, 67346 Speyer | ÖPNV Busse 564, 565, 568, Station Domplatz | Öffnungszeiten für Spezialführungen bitte bei der Tourist-Information anfragen, Tel. 06232/142392 | Tipp Das frühere Kolleg-Gebäude gegenüber ist heute in Privatbesitz.

58 Der Judenhof

Welterbe und Wiege von Aschkenas

Seit 2021 ist er Teil des Welterbes »SchUM-Städte Speyer, Worms und Mainz«: der Speyerer Judenhof. Er liegt an der alten Judengasse, heute Kleine Pfaffengasse. Die Geschichte der Speyerer jüdischen Gemeinde begann im Jahr 1084, als Bischof Rüdiger Hutzmann Juden aus Mainz Zuflucht in Speyer gewährte. Heute noch erhalten sind die Reste der Synagoge von 1104 und der Frauenschul von 1250. Auch die Mikwe, das jüdische Ritualbad, zeugt davon, dass Speyer Teil der Wiege des aschkenasischen Judentums war. Berühmt waren die Speyerer Weisen, jüdische Gelehrte, deren Rat weithin gefragt war. Die 1120 errichtete, 11 Meter tiefe Mikwe – das Wort bedeutet »lebendiges Wasser« – ist die älteste erhaltene nördlich der Alpen. Frauen nutzten sie zur rituellen Reinigung nach Geburten, der Menstruation oder vor der Hochzeit. Steigt man hinab, gelangt man in einen Vorraum mit einer Bank. Das Wasser hat eine konstante Temperatur und wird durch Fließsand gereinigt.

Von der Synagoge sind Teile der Mauern erhalten. An der Ostwand wurde im 14. Jahrhundert das Lehrhaus der Jeschiwa ergänzt, heute nur noch ein Bodendenkmal. Die Frauenschul wurde nach dem Vorbild der Wormser Frauenschul angebaut. Schlitze in der Wand stellten sicher, dass die Frauen den Gottesdienst mithören konnten.

1349 wurden die Juden für die Pest verantwortlich gemacht, verfolgt, enteignet und vertrieben. Mehrmals versuchten sie, sich wieder anzusiedeln. Doch im 16. Jahrhundert gab die Gemeinde auf. Die Gebäude wurden als Zeughaus genutzt, die Grabsteine des jüdischen Friedhofs wurden als Treppenstufen, in Brücken und Mauern verbaut. Über 50 von ihnen können noch identifiziert werden. 1837 wurde eine neue Synagoge gegenüber der Rossmarktschule errichtet, die während der Novemberpogrome 1938 zerstört wurde. Die heutige neue Synagoge steht an der Stelle des ehemaligen Sankt-Guido-Stifts.

Adresse Kleine Pfaffengasse 22, 67346 Speyer | ÖPNV Busse 564, 565, 568, Station Domplatz | Öffnungszeiten April–Okt. Mo–So 10–17 Uhr, Nov.–März Di–So 10–16 Uhr | Tipp Ein paar Häuser weiter in der Kleinen Pfaffengasse erinnert das Hotel »Trutzpfaff« an ein verschwundenes Gebäude, das einst gegenüber dem Dom stand.

59 Die Kaisergrablege

Gesalbte Häupter in weltgrößter Krypta

Um die kaiserlichen Leichname in der Grablege des Doms ranken sich viele Legenden. Eines Nachts sollen sie sich von einem Fährmann in die alte Kaiserstadt übersetzen lassen haben, um dem Reich zu helfen. Bis heute sind die sterblichen Überreste von vier bedeutenden Kaisern, drei Kaiserinnen und einer Kaisertochter in der Kaisergruft des Doms bewahrt. Auch der 1291 in Speyer verstorbene, römisch-deutsche König Rudolf von Habsburg ist hier bestattet.

Der Dom ist der Jungfrau Maria und dem Heiligen Erzmärtyrer Stephan geweiht. In seiner Krypta befindet sich kein Heiligengrab. Doch wurden in einem Sammelgrab hinter dem Hauptaltar Gebeine aus einem älteren Bau geborgen und beigesetzt. In ihrer heutigen Form wurde die Grablege erst 1904 gestaltet. Man erreicht sie über den Zugang zur Krypta. Um die erste Jahrtausendwende plante der erste Salierkaiser Konrad II. den Dom als seine Grablege, damals eine der größten Kirchen der Christenheit und bis heute die größte romanische Kathedrale weltweit.

Die Speyerer Domkrypta ist die größte romanische Hallenkrypta der Welt. Ihre halbrunde Apsis markiert den ältesten Teil des Doms. Hier wurde im 11. Jahrhundert mit seinem Bau begonnen. Vermutlich im Jahr 1043 wurde die Krypta als eigenständiger Gottesdienstraum geweiht. Der Grundriss wie auch die in gelbem und rotem Sandstein gestreiften Gurtbögen des Gewölbes prägen eine Stimmung von archaischer Strenge. Die geradezu meditative Atmosphäre wird für Kammerkonzerte genutzt. Wären nicht die gemauerten Seitenwände, fühlte man sich in den Säulenwald der Mezquita von Córdoba versetzt – in eine Anmutung von Ewigkeit im zeitlosen Dämmerlicht. »Erhabenster Bau auf deutscher Erde« nannte der christliche Autor Reinhold Schneider die Krypta. Andere empfinden in diesen Räumen etwas von der Harmonie einer göttlichen Weltordnung. Das Taufbecken ist das älteste romanische nördlich der Alpen.

Adresse Domplatz, 67346 Speyer, www.dom-zu-speyer.de | ÖPNV Busse 564, 565, 568, Station Domplatz | Öffnungszeiten Nov.–März Mo–Sa 9.30–16.30 Uhr, So und feiertags 12–16.30 Uhr, April–Okt. Mo–Sa 9.30–18.30 Uhr, So und feiertags 12–17 Uhr, Abweichungen aufgrund von Gottesdiensten und Konzerten möglich | Tipp In der Katharinenkapelle des Doms wird eine Reliquie des in Speyer seliggesprochenen Paul Josef Nardini (1821–1862) aufbewahrt. Weitere im Dom verwahrte Reliquien stammen vom heiligen Papst Stephanus, von den Heiligen Anastasius, Elisabeth von Thüringen, Pirminius, Guido von Pomposa und Edith Stein.

60_Die Kapuzinergasse

Pioniere in puncto Wohnen fürs Volk

Nur noch sehr wenige Wohnhäuser der einfachen Bevölkerung aus früheren Jahrhunderten sind heute in Speyer erhalten. Eine kleine Siedlung findet sich als zusammenhängende Reihe einstöckiger Häuschen in der Kapuzinergasse in der Nähe der Sankt-Josephs-Kirche. Die Gasse ist nach einem früheren Kapuzinerkloster in der Nähe benannt und mündete ehemals in einen Gartenbezirk. Ab 1836 wurden die Gartenwege verbreitert, befestigt und mit kleinen Häusern für Arbeiterfamilien bebaut. Bauträger der Siedlung war der Gutsbesitzer Friedrich Merbel, der den Mietern ermöglichte, durch Zahlung von Raten Eigentum an den Häuschen zu erwerben – ein beispielgebendes Modell für die Idee der Wohnbaugenossenschaften, die sich im 19. Jahrhundert entwickelte.

Die Häuser Kapuzinergasse 5 bis 36 wurden mit Satteldächern und aufgesetzten Gauben ausgestattet und teilweise unterkellert. Höfe, Gärten und Stallgebäude hinter den Höfen ermöglichten eine teilweise Selbstversorgung. Manche Häuschen wurden später aufgestockt. Wer heute an ihnen vorbeigeht, erhält eine Vorstellung vom ursprünglichen Leben der einfachen Bevölkerung im frühen 19. Jahrhundert. Drei Viertel der Deutschen lebten um 1800 noch auf dem Land. Erst im Zuge der Industrialisierung setzte erstmals eine größere Landflucht ein. Diese führte viele Arbeiterfamilien in den Großstädten in elende Mietskasernen, über die der Politiker Albert Südekum sagte: »Man kann mit einer Wohnung einen Menschen genauso töten wie mit einer Axt.« Im Vergleich dazu waren die Speyerer Arbeiter privilegiert.

Ein halbes Jahrhundert später setzte die Gründung von Wohnungsbaugenossenschaften ein, beschleunigt durch das Genossenschaftsgesetz von 1889. Die Gärten der Kapuzinergasse greifen auch der deutschen Gartenstadtbewegung vom Anfang des 20. Jahrhunderts vor. Die Häuser sind also rundum eine städtebauliche Pionierleistung.

Adresse Kapuzinergasse, 67346 Speyer | **ÖPNV** Busse 562, 563, 572, 717, Station Postplatz | **Tipp** Das nahe gelegene, renovierungsbedürftige Gebäude Ecke Gilgenstraße/Schützenstraße wurde einst von der kurzlebigen Speyerer Freimaurerloge genutzt und gehört heute zur Gemeinde Sankt Joseph.

61 Kardinal 2

Ein Musenhof für Wein und Skulptur

Ein Kardinal passt zu einer Bischofsstadt. Dennoch geht die Benennung dieses Wein- und Kunstrestaurants auf die Familie des Betreibers zurück und nicht etwa auf einen Kirchenfürsten. Matthias Kowalke verdankt den Namen »Kardinal« seinen Vorfahren mütterlicherseits. Und so schaut in den kleinen, feinen Räumen auch ein kunstvoller Kardinal aus Holz auf die Speisenden hinab. Gemälde schmücken die Wände. Skulpturen entdeckt man selbst an den Toilettentüren. Das Restaurant ist die zweite Kunst-Location des Inhabers, daher die »2« im Namen. Die erste, die Kunstgalerie »Musenhof«, befindet sich in der nahen Neugasse und ist nur anlassbezogen geöffnet. Auch wechselnde Kunstobjekte sind im Restaurant zu sehen, ob von Jörg Eyffert, Anne Ludwig, Susanne Storch, Hannelore Langhans, Elke Steiner, Petra Weiner-Jansen oder Elisabeth Mack-Usselmann. Der Rabe von Eckhard Schembs außen bleibt dauerhaft, ebenso wie die Holzskulptur von Bernhard Apfel vor dem Restaurant.

Wer Pfälzer Weine mit VDP-Prädikat (Verband Deutscher Prädikatsweingüter) sucht, liegt beim »Kardinal« richtig. Hier werden Tropfen der Weingüter Knipser, Philipp Kuhn, Ökonomierat Rebholz, Dr. von Bassermann Jordan, Friedrich Becker, Müller-Catoir und A. Christmann dekantiert. Die Küche ist regional, nicht abgehoben, aber mit Liebe zubereitet. »Ehrlichen Genuss« nennt das der Inhaber. Dafür stehen etwa die Lammkoteletts, der Saumagen mit Rosmarinkartoffeln und Sahnesauerkraut, die Teigtaschen mit Steinpilzfüllung auf Spinat-Zitronen-Sauce oder der Flammkuchen »Kardinal« mit Lachs und rotem Pfeffer.

Wer den Urgründen des Genusses nachgehen will, kann über den »Kardinal« Seminare im Musenhof mit Dozenten des Deutschen Weininstituts buchen und erfährt viel über Anbau, Rebsorten, Trinktemperatur und die richtige Lagerung von Wein. Mutige lassen sich nach zwei Tagen als »Anerkannter Berater für Deutschen Wein« prüfen.

Adresse Matthias Kowalke, Neugasse 2, 67346 Speyer, www.kardinal2.de, Tel. 06232/699188 | **ÖPNV** Busse 564, 565, 568, Station Maximilianstraße | **Öffnungszeiten** Mo, Mi–Fr 17–0 Uhr, Sa 10–0 Uhr | **Tipp** Draußen fällt der Blick auf den Kirchenchor des Dominikanerkonvikts Sankt Ludwig. Manchen vom Stadtrat verfolgten Spitzbuben sollen die Mönche Zuflucht gewährt haben. Hinausschmuggeln konnten sie sie unerkannt – in Nonnenkleidung!

62 Die kleine Kunsthalle

Das Staunen neu lernen

Links am Eingang zum Industriehof findet sich ein Kleinod für Kunstinteressierte: Speyers »kleine Kunsthalle am Rhein«, Tür an Tür mit »Wittmers Antiquitätenhandel«. Wie schon das Mucha-Motiv über dem Eingang hoffen lässt, lassen die Sammlerstücke vor allem die Herzen von Jugendstilfans höher schlagen. Geführt vom gelernten Schreinermeister und Kunstliebhaber Andreas Wittmer, lassen sich unter den hoch bis zur Decke gehängten Gemälden Kunstwerke unterschiedlicher Stile und Techniken entdecken.

Neben Ölgemälden, Aquarellen, Zeichnungen, Holzschnitten, Radierungen und Lithografien sind auch Kunstdrucke berühmter Werke käuflich zu erwerben, von Matisse bis Picasso. Wie in Aladins Wunderhöhle bevölkern Tischchen, Kommoden, liebevoll hergerichtete Antikstühle, Spiegel, prunkvolle Rahmen und Lampen die Räumlichkeiten, deren nüchterner Bauzweck samt bombensicheren Decken dabei komplett in den Hintergrund gerät. Nur scheinbar herrscht in der Galerie charmantes Chaos: Marion und Andreas Wittmer haben alles mit Bedacht arrangiert und führen gern durch diese Schatzkammer.

Ein Interessensschwerpunkt der neueren Gemälde liegt bei Künstlern der Region. Ein Beispiel dafür ist Joachim Frisch, der eine kubistische Serie zu den drei Domen Speyer, Mainz und Worms erstellt hat. Manches möchten die Wittmers am liebsten selbst behalten. Interessant sind auch die Geschichten zu den faszinierenden Figurinen im Laden, viele aus dem Jugendstil. Irgendwann bleibt der Blick an einer jener tänzerischen Moriskenstatuetten hängen: Spitzschuhe, Narrengewand, gekreuzte Beine, biegsamer Körper, schlauer Blick voll hintergründigem Ernst. In München gibt es ein ganzes Museum für solche Figuren. In der kleinen Kunsthalle kann man gute Kopien der Originale erwerben. Das Herzensprojekt im Industriehof ist zugleich Galerie, Museum und Laden. Ein Ort, um in Ruhe zu betrachten.

Adresse Franz-Kirrmeier-Straße 19, 67346 Speyer | Anfahrt per Auto oder Rad die Stadt Richtung Norden über die Franz-Kirrmeier-Straße verlassen und links in den Industriehof biegen. Die kleine Kunsthalle nebst Antiquitätengeschäft sind die ersten Gebäude auf der linken Straßenseite. | Öffnungszeiten bitte vorher anmelden unter Tel. 0163/9108490, Mi 15–18 Uhr, Sa 11–16 Uhr | Tipp Wer will, kann nach dem Besuch ein Eis gegenüber oder im Drive-in »Eis am Rhein« neben dem Industriehof genießen. Die ausladenden Äste eines alten Nussbaums und ein plätschernder Brunnen bieten die notwendige Kühlung an heißen Sommertagen.

63 Die Kletterspinne

Adieu, Arachnophobia

Ob das Klettern auf einer Riesenspinne Kinder vor Arachnophobie, Spinnenangst, bewahrt? Das Exemplar im Domgarten, mit dem Aussehen einer Baldachinspinne, hat jedenfalls nichts Horrendes an sich. In leuchtenden Farben bietet es sich den Kleinen als Reittier an. Sind Spinnen wirklich Horrortiere? Als wahre Überlebenskünstler haben sie sich bislang jeglichen Lebensraum erobert: zu Wasser, zu Lande, in der Wüste, im Sumpf, im Gebirge und in Höhlen. Nicht alle spinnen Netze, manche jagen ihre Beute auch aktiv. Es handelt sich nicht um Insekten, sie sind eine eigene Spezies. Und sie haben nicht nur acht Beine, sondern auch acht Augen.

Geschaffen hat das Wundertier der Wahlspeyerer Künstler mit dem einprägsamen Namen Fred Feuerstein. Dabei ist er mit behutsamer Pädagogik vorgegangen. In einem »Forschungs-Workshop« ließ er Kinder sich mit der faszinierenden Welt der Spinnen befassen und im Anschluss Entwürfe für eine Figur modellieren. Viele Ideen der Kinder nahm der Künstler auf, gab die Quintessenz aus Erkenntnissen der Forschung hinzu, zog auch Richtlinien für die Gestaltung sicheren Kletterspielzeugs in Betracht und schuf die Hingucker-Spinne im Domgarten. Zugegeben, die Gute ist Jahrgang 2003 und musste jüngst geliftet werden, um wieder in leuchtendem Gelb und anderen Farben zu erstrahlen. Man sieht ihr ihr wahres Alter nicht mehr auf Anhieb an.

Ihr Schöpfer Fred Feuerstein feierte im Jahr 2021 seinen 75. Geburtstag. Er ist aus der Speyerer Kunstszene nicht wegzudenken. Die städtische Galerie Kulturhof brachte eine Publikation samt Retrospektive unter dem Titel »InnenReisen – Fred Feuerstein unterwegs« zu seinem Lebenswerk heraus, eine Dokumentation über Malerei, Zeichnung, Objekte und Installationen. 1946 im badischen Oberhausen geboren, lebt der Künstler seit 50 Jahren in Speyer. Er gehört zu den Künstlern, die Speyer als Stadt der Kunst mitgeformt haben.

Adresse Unterer Domgarten, 67346 Speyer | **ÖPNV** Busse 564, 565, Station Festplatz | **Öffnungszeiten** rund um die Uhr | **Tipp** Auf den Künstler gehen auch die »Wäschestücke« zurück, die an einer Wand des Kulturhofs Flachsgasse an der Leine hängen, eine Gabe anlässlich des Bezugs seines Ateliers im Kulturhof.

64 Der Klosterstübchen-Hof

Ein Refugium für Genießer

Hinter dem Eingang zum ehemaligen »Klosterstübchen« öffnet sich von der Korngasse etwas versteckt ein kleiner historischer Innenhof. Dieser auf den ersten Blick privat wirkende »Klosterhof« ist ein Patio, der zu den Öffnungszeiten der Anrainergeschäfte bunt und einladend bestuhlt wird. Am Eingang lädt zunächst der Weltladen zum Bummeln ein – mit Mode, Schokolade, Kaffee, Schmuck und Kunsthandwerk, Möbeln aus indonesischem Mangoholz, Skulpturen aus Ghana, handgeschöpftem Papier aus Nepal oder dem Superfood Quinoa. Bei Touristen wie Einheimischen sind Uhren und Kühlschrankmagneten mit dem Altpörtel-Motiv beliebt. Faire Preise stehen dafür, dass auch Handwerker und Erzeuger in Ländern Asiens und Afrikas bessere Chancen auf gute Lebensbedingungen erhalten, so die Philosophie der Weltläden. Interessierte können sich im Speyerer Laden über Kleiderherstellung, Schokolade und Kaffee informieren.

Das »Oberstübchen« im ersten Stock gewährt Raum für künstlerische Ausstellungen. Fair gehandelter Kaffee und Tee können im Stehcafé gleich probiert werden. Zur Ergänzung hat der Weltladen mit städtischer Rückendeckung einen »Ökofairen Einkaufsführer Speyer« herausgebracht. Für Schulklassen gibt es Angebote wie eine Rallye durch den Laden, auf der Gelerntes beim Konsumverhalten ausprobiert werden kann.

Eine geschmackvolle Location in kulinarischer wie ästhetischer Hinsicht ist die Sux Restobar an der Stirnseite des Patio. Die Auswahl an deutschen Rot- und Weißweinen und das kulinarische Niveau der Küche werden von den Gästen hochgelobt. Auch die ausgeschenkten Weine der Pfälzer Weingüter Mohr Gutting, Oliver Zeter, Brenneis-Koch und Schwab stehen bei Weinliebhabern hoch im Kurs. Das urban-stylische Restaurant und der bunt bestuhlte Innenhof bieten eigene Speisekarten. Spanisch, pfälzisch oder mediterran interpretierte Tapas versprechen feine Akzente für den Gaumen.

Adresse Korngasse 31, 67346 Speyer | ÖPNV Busse 564, 565, Station Maximilianstraße | Öffnungszeiten Weltladen: Mo 14–18 Uhr, Di–Fr 10–18 Uhr, Sa 10–16 Uhr, Sux: Di–Sa ab 17 Uhr | Tipp Wer seinen gesamten Lebensmittelbedarf nachhaltig einkaufen möchte, findet in der Großen Greifengasse 1 einen Unverpackt-Kaufladen.

65 Die Kohlbüste

Auf ewig den Dom im Blick

Am 3. April 2022 wäre Dr. Helmut Kohl 92 Jahre alt geworden. Zu diesem Anlass wurde eine lebensgroße Bronzebüste des »ewigen Kanzlers« enthüllt, die ihn, quasi für die Ewigkeit, auf den Dom blicken lässt. Geschaffen wurde sie vom Künstler Wolf Spitzer. Er habe versucht, sich der Persönlichkeit Kohls zu nähern und ein Wesensporträt zu schaffen, das die Lebensstationen, Erlebnisse und physiognomischen Eigenheiten des Altbundeskanzlers widerspiegle, so hieß es. Die Bronzeplastik ist teilweise koloriert und ruht auf einem Sockel aus rotem Sandstein, einem Hauptbaumaterial des Doms. Die Initiative zu ihrer Aufstellung kam von der Europäischen Stiftung Kaiserdom zu Speyer, an deren Gründung Helmut Kohl maßgeblich beteiligt war und deren Kuratorium er jahrelang vorstand.

Helmut Kohl liebte den Dom. Als er 1943 dreizehnjährig aus dem zerbombten Ludwigshafen nach Speyer evakuiert wurde und das Kaiserdom-Gymnasium besuchte, erlebte er das Gotteshaus als Schutzraum während der Fliegerangriffe. Später, als Ministerpräsident von Rheinland-Pfalz, nahm er an der Weihe des neuen Domportals teil. 1974 kam er auf einen Besuch mit dem rheinland-pfälzischen Landeskabinett hierher. Später brachte er zahlreiche ausländische Staatsoberhäupter in den Dom, der für ihn ein Symbol für ein friedliches Europa darstellte: 1985 den chinesischen Ministerpräsidenten Zhao Ziyang, 1986 Jacques Chirac, 1989 Margaret Thatcher und im Jahr 1990 nacheinander Michail Gorbatschow und George Bush – um nur einige zu nennen. »Der Kaiserdom, wie wir Pfälzer unseren romanischen Dom nennen, ist für mich ein Stück Heimat«, bekannte Kohl 1998 in einem Interview.

Nach den Feierlichkeiten zur Beisetzung im Jahr 2017 im Dom nahmen viele an, der Altkanzler habe auch im Dom seine letzte Ruhe gefunden. Doch das Kanzlergrab befindet sich im Adenauerpark, nahe den Gräbern des Domkapitels.

Adresse Domplatz, 67346 Speyer | ÖPNV Busse 564, 565, 568, Station Domplatz | Tipp Zu Ehren des Altkanzlers wurde in die Domvorhalle eine Gedenkplatte eingelassen. Dies sollte niemanden zu der irrigen Annahme verleiten, er sei im Dom bestattet.

66 Der Kollersee

Glasklares Badewasser

Wer in sauberem Wasser baden möchte, für den ist der Badebetrieb in der Altrheinlandschaft um die Kollerinsel mit dem Kollersee eine Attraktion vor der Speyerer Haustür. Wie die Stadt Brühl auf der anderen Rheinseite gehört dieser Landzipfel zu Baden-Württemberg. Zur Autofähre nach Brühl sind es nur wenige Kilometer. Am See angekommen bietet ein langer Sandstrand abschnittsweise natürlichen Schatten. Klares Wasser und eine ruhige Umgebung bestimmen die Atmosphäre noch bis in den Frühsommer hinein und später wieder ab September. Da der Kollersee tiefer ausgebaggert wurde als so mancher Altrheinarm, bietet er auch im Hochsommer kühleres Wasser als anderswo.

Neben dem Badebereich gibt es mehrere Bootsstege für Segelboote. Bereits bei wenig Wind wird viel gesegelt, Motorboote, Jetskis und Co. verkehren auf der Wasserfläche aber nicht. Einen Kajakverleih gibt es ebenfalls, in der Sommersaison findet sogar ein Bootsrennen auf dem Kollersee statt. Auf einem Teil der Insel und auch des Ufers wird FKK betrieben. Vom Reffenthal aus gelangt man zu Fuß oder per Rad an die hinteren Uferbereiche, vorbei an zwei Gewässern, auf denen nur das Angeln gestattet ist.

Neben dem Mechtersheimer Badesee im Süden von Speyer ist auch am Kollersee naturnahes Baden und Camping in intakter Natur möglich. Die Kollerinsel ist mit Ausnahme ihres touristisch genutzten Teils ein Landschaftsschutzgebiet. Das Mitführen von Hunden am See ist offiziell nicht gestattet, wird jedoch geduldet. Der ufernahe Campingplatz bietet viele unterschiedliche Unterkünfte an, von verschiedenen bezugsfertigen Zeltmodellen oder Safari Lodges bis zu kleinen und größeren Ferienhäusern, Blockhäusern, Chalet-Wagen oder Mobile Homes. Der Parkplatz ist für die erste Stunde kostenlos, auf dem Weg dorthin stehen die Toilettenhäuschen. Eine kleine Strandbar neben dem Campingplatz bietet Erfrischungen.

Adresse Kollerinsel 2, 68782 Brühl | Anfahrt Speyer nördlich über Franz-Kirrmeier-Straße verlassen, am Rhein entlang (K2, K31, L535 und L639) Richtung Fähre Brühl, an der T-Kreuzung, wo es rechts zur Fähre geht, links der Beschilderung zum Campingplatz Kollersee folgen, dort kostenpflichtiger öffentlicher Badeparkplatz | Tipp Ein weiterer Campingplatz mit Badestrand liegt am Steinhäuserwühlsee. Der zweite See dort, der Wammsee, ist nicht öffentlich zugänglich.

67_Die Kreuzgangruine

Vom Bettelkloster zur Armenherberge

Die malerische Ruine mit den gotischen Spitzbögen ist das Letzte, was vom Bettelkloster der Augustiner-Eremiten geblieben ist – ein Mahnmal für Werden und Vergehen, Reichtum und Armut. Gegründet 1265, wurde es von Bischof Heinrich II. reich beschenkt. Im Jahr 1430 ließen sich die Augustinermönche in die Bürgerschaft der Stadt aufnehmen. Da sie, wie andere ehemals arme Orden, durch Handel und Vermächtnisse zu Wohlstand gelangt waren, forderte der Rat schon bald auch Abgaben von ihnen.

1526 bekannte sich der Augustinerprior Michael Diller zu Luther. Die Stadt ließ ihn gewähren und berief ihn zum offiziellen evangelischen Prediger, obwohl sich der Stadtrat selbst nicht der Protestation anschloss. Der Rat geriet unter Druck, als der streng katholische Kaiser Karl V. in der Stadt weilte, der Prediger tauchte ab. Erst 1555 konnten die Augustiner aufatmen, denn der Augsburger Religionsfriede gewährte jedermann Gewissensfreiheit. So wurde das Augustinerkloster lutherisch, was es über 100 Jahre auch blieb. Dann zerstörte es der Stadtbrand von 1689 bis auf Chor und Kreuzgang. Im Anschluss baute man den Konvent vierflügelig aus. Im Jahr 1793, nach der Eroberung Speyers durch französische Truppen, wurde das Konvent säkularisiert, die Gebäude 1804 versteigert. Die neuen Eigentümer nutzten sie für Armenwohnungen. Später verkauften sie sie an die Stadt. Diese ließ im Jahr 1866 alle Konventsgebäude mit Ausnahme der Kreuzgangreste abreißen. Auch der gotische Chor verschwand.

Auf dem Areal entstand 1867 eine Schule, doch die Kreuzgangruine blieb bestehen. 1985 musste auch die Schule einem Neubau weichen, der Sparkasse. Die Kreuzgangbögen wurden abgebaut und leicht versetzt neu errichtet. Die alte Schulhofplatane ist bis heute geblieben. Derzeit wird der Sparkassenbau umgestaltet, er soll mehr mit der Altstadt ringsum harmonieren. Die Ruine bleibt.

Adresse Hagedornsgasse, 67346 Speyer | ÖPNV Busse 562, 563, 564, 565, 568, Station Postgraben | Öffnungszeiten rund um die Uhr | Tipp Im Schulgebäude wurden zunächst die archäologischen Funde verwahrt, die den Grundstock für das Historische Museum der Pfalz bildeten. Gegenüber dem Kreuzgang ist auch das Gebäude der methodistischen Zionskirche einen Blick wert.

68_Der Läutturm Sankt Georg

Überbleibsel am ersten Bürger-Hospital

Von der ansonsten verschwundenen Sankt-Georgs-Kirche steht nur noch der Läutturm. Die Kirche geht auf das Jahr 1050 oder sogar schon 970 zurück. In ihrer Nähe gründeten Speyerer Bürger um 1260 ein Spital. Bereits Jahrzehnte zuvor war bei Sankt Stephan ein Hospiz gegründet worden, das dem Deutschorden übertragen wurde. Das sogenannte Sankt-Georgen-Hospital befand sich in der Obhut des Stadtrats und wurde 1798 in »Bürgerhospital« umbenannt. 1834 zog es auf das Gelände des ehemaligen Franziskanerklosters um.

Das Hospital verfügte über ein Pfründnerhaus, in dem (vermögende) ältere und kranke Bürger gepflegt wurden, quasi ein Pflegeheim des Mittelalters. Im Gegenzug vermachten die Bewohner ihre Pfründen dem Hospital. Am ehemaligen Eingang zur Sankt-Georgen-Gasse ist noch ein von Vinzenz Möhring gestalteter Schlussstein über dem Tor erhalten, der einen Invaliden mit Holzbein und zwei Krücken darstellt. Auch weitere Inschriften, über Hoftoren am Fischmarkt sowie in der Johannesstraße 26, zeugen von der Ausdehnung des Hospitalgeländes. 1840 wurde das hohe Hospitalgebäude abgerissen.

In der Sankt-Georgen-Kirche wurde ab 1556 lutherisch gepredigt. 1689 zerbarst sie im großen Stadtbrand. Bis 1822 stand noch ihre pittoreske Ruine, die auf Zeichnungen erhalten ist. Der vom Volksmund »Läutturm« getaufte Solitär war weitgehend intakt geblieben. Im 18. Jahrhundert errichteten die Protestanten nebenan ihr neues Gotteshaus, die Dreifaltigkeitskirche. Der alte Georgsturm diente ihr fortan als Glockenturm. Außer der Kirche sind auch mehrere Kapellen verschwunden, die einst an und um das Gotteshaus standen. So hatten die Ratsherren über Jahrhunderte ihren Amtseid in der Sankt-Laurentius-Kapelle abgelegt. Wurde ein Bürgermeister gewählt, so erhielt er in dieser Kapelle die Stadtsiegel.

Adresse Große Himmelsgasse 1, 67346 Speyer | **ÖPNV** Busse 564, 565, 568, Station Dom/Stadthaus | **Tipp** Im Binshof zeugt ein Güterstein mit zwei gekreuzten Krücken von einem Besitz des Georgenhospitals. Vom Deutschorden und seinem Hospital künden noch Ortsnamen, etwa die Siedlung »Deutschhof« nördlich von Speyer.

69 Die lebensechten Figuren

Sinnenfrohe Josephskirche

»Psst, da betet jemand!«, ist man versucht zu sagen, wenn man im Kirchenschiff der Sankt-Josephs-Kirche die lebensechte Figur eines knienden Menschen erblickt. Die Statue des heiligen Aloisius wirkt so lebendig, dass sie fast zu atmen scheint. Auch die Statuen von Adolph Kolping und einem Handwerksgesellen erwecken den Eindruck, als seien sie eben erst in einen Dornröschenschlaf verfallen.

Nur wenige Meter von der Gedächtniskirche für die Protestation entfernt und nur wenige Jahre nach ihr errichtet, verstand sich die Sankt-Josephs-Kirche als ihr katholischer Gegenpol. Als die Protestanten ihre Sammlungen für die Gedächtniskirche einläuteten, gründete sich im Jahr 1887 ein katholischer Kirchenbauverein. Als die Protestanten ihren Bauplatz am damaligen Stadtrand erwarben, bemühten sich die Katholiken um einen Bauplatz in unmittelbarer Nähe. Schließlich wurde der Grundstein 1912 gelegt. Der heilige Joseph ist der Patron der Kurpfalz – und der Arbeiter. Zeitgenossen priesen die neue katholische Kirche, auch wegen ihrer sinnesfrohen Ausstattung, als »Zeichen der Liebe zur bayerischen Heimat«. Vollendet wurde sie nie ganz. Die Eingangstreppe wurde nicht bis an die Straße verlängert. Über den Fenstern neben dem Vordereingang stehen noch heute unbearbeitete Steine.

»Katholische Vielfalt gegenüber protestantischer Strenge« sollte dieser Kirchenbau verkörpern. Unter dieser Vorgabe kombinierte der Mainzer Dombaumeister Ludwig Becker Formen des Jugendstils, der Spätgotik, des Barock und der Renaissance. Die Turmhauben ähneln der Heidelberger Heiliggeistkirche. Die Türme messen 91 Meter Höhe. Seit 2015 ist die Gemeinde Sankt Joseph Teil der Dompfarrei Pax Christi. Heute herrschen gute Beziehungen zu den Protestanten. So durften die Katholiken auch schon mal während einiger Renovierungsarbeiten Gottesdienste bei den Nachbarn in der Gedächtniskirche abhalten.

Adresse Gilgenstraße 17, 67346 Speyer | ÖPNV Bus 562, Station Bartholomäus-Weltz-Platz | Öffnungszeiten Gottesdienste: So 10.30 Uhr, kroatische Messe So 9 Uhr | Tipp Mehr Kunst, etwa aus dem Werk der 2020 verstorbenen »Brücke«-Schülerin Elisabeth Mack-Usselmann, wird von einer Stiftung im nahen Strasserbau-Hinterhaus aufbereitet.

70 Lina Sommers Geburtshaus

Hort einer glücklichen Kindheit

»Laufe barfuß und pfeife dir ein Liedchen dazu, dann vertreibst du dir die Sorgen und sparst auch die Schuh.« Die Autorin jener Zeilen, die über Speyer und die Pfalz hinaus bekannt gewordene Heimatdichterin Lina Sommer, wurde als Karolina Müller 1862 im heutigen Haus Herdstraße 5 geboren, damals ein reines Wohnhaus. Ihr Vater betrieb einen Handel für »Tabak und Specereien« und konnte seiner Familie, namentlich der kleinen Karolina, eine glückliche Kindheit bieten. Lina war begeistert vom Garten samt Gartenhäuschen. Erst später, als sie längst verheiratet war und eine Möglichkeit suchte, zum Lebensunterhalt ihrer Familie beizutragen, da ihr Mann erst bankrott, dann arbeitslos und zum Schluss unheilbar krank war, verdiente sie sich mit Mundartdichtung, aber auch mit hochdeutscher Prosa ein Zubrot – und schließlich den gesamten Lebensunterhalt. Ihr Humor verschonte auch sie selbst und Anspielungen auf ihren eigenen Tod nicht.

Lina Sommer traf zielgenau den bürgerlichen Zeitgeist in Kaiserzeit und Weimarer Republik. Außerdem wurde sie durch ihre Korrespondenz mit Königin Elisabeth von Rumänien bekannt, die »Briefe einer einsamen Königin«. Nach ihr soll mit den Worten gefragt worden sein: »Wer isch die goldich Pälzer Krott, wu die Gedichtelscher schreibt?« 1932 starb sie mit 70 Jahren nach schwerer Krankheit. Das Institut für pfälzische Geschichte und Volkskunde brachte 2004 eine Biografie heraus. In Jockgrim, wo sie zuletzt lebte, wurde sie begraben; ein Rundweg, eine Grundschule, Straßen und Gedenksteine erinnern dort an sie.

Heute ist die Freie Reformschule in Lina Sommers Speyerer Geburtshaus eingezogen, eine Grundschule für etwa 30 Kinder. Zuvor waren die verschiedensten Gesellschaften und Vereinigungen hier heimisch, eine katholische Lesegesellschaft oder ein Gasthof.

Adresse Herdstraße 5, 67346 Speyer | ÖPNV Busse 564, 565, 568, Station Maximilianstraße | Tipp Die Straße, die 1932 nach Lina Sommer benannt wurde, ist ebenfalls einen Besuch wert. 1928 wurde dort eine heute noch sehenswerte Einfamilien-Reihenhaus-Siedlung errichtet. Die Klinkerfassaden wirken zeitlos schön.

71 Ludwig Hartmanns Geburtshaus

Der dichtende Eisenbahninspektor

In einem schönen Altstadthaus kam 1881 der spätere Dichter Ludwig Hartmann zur Welt. Sein Vater war anfangs Lehrer, dann Weinhändler. Ins Elternhaus kam oft Staatsarchivrat Ludwig Schandein zu Besuch. Dessen heimatkundliche Exkurse weckten das Interesse des jungen Ludwig an pfälzischer Mundartdichtung. Nach dem Gymnasium wurde er Kaufmann und trat 1898 in den Dienst der Eisenbahn. Der Beruf brachte ihn nach Bellheim, Ludwigshafen und München. Während des Ersten Weltkriegs war Hartmann Feldeisenbahner. Vor dem Hintergrund der Ruhrbesetzung von 1923 wurde er wie andere Eisenbahner Opfer einer Sanktion der französischen Besatzungsbehörden und musste die Pfalz verlassen. Bis 1924 lebte er in Oberbayern. Vielleicht wurde dadurch der Grundstein für seine große Heimatverbundenheit gelegt.

Ludwig Hartmann publizierte ab 1914 den Gedichtband »Pälzer Schternschnuppe«, der sechs Auflagen erreichte. Bis 1958 kamen sechs weitere Bücher hinzu. Einige Texte schrieb er auch in Prosa und sogar auf Hochdeutsch. Sein bekanntestes Stück ist »De Unkel aus Amerika« (1923). Und dann kam der Bestseller: die 1920 erschienenen, reich illustrierten »Kinnersprich vum Ludewig«, zuletzt neu aufgelegt im Jahr 2005. Gleich nach Erscheinen wurden 4.000 Exemplare verkauft. Er schrieb über den »Schbeiermer Brezelbu« oder »De Zah(n) wehschuschder« in der Rossmarktstraße, der nebenher auch Zähne zog (Zitat: »Ja, so was gibt's aa bloß in Schbeier«).

Hartmann war mit Johanna Wetz, ebenfalls aus Speyer, verheiratet. Bis zu seinem Tod 1967 lebte der seit 1946 pensionierte Bundesbahn-Oberinspektor in Ludwigshafen. Aus Hartmanns Gedichten wird bis heute in Speyer gern vorgetragen. Eine Gedenktafel erinnert an sein Geburtshaus.

Adresse Kutschergasse 14, 67346 Speyer | ÖPNV Busse 564, 565, 568, Station Maximilianstraße | Tipp Speyer hat auch den Autor Thomas Lehr hervorgebracht, derzeit wohnhaft in Berlin. Hinzu kommen Autoren von Lokalkrimis und historischen Romanen. Lesungen finden beispielsweise zu den Literaturtagen »SPEYER.LIT« statt.

72 Das Magdalenakloster

Pionierinnen der Mädchenbildung

Kaum ein anderes Kloster im süddeutschen Raum kann eine so kontinuierliche Präsenz aufweisen wie das Magdalenakloster im Hasenpfuhl. Besonders bei der Ausbildung von Mädchen taten sich die Nonnen hervor. An ein Wunder grenzt, dass das Kloster seit dem 13. Jahrhundert nie für längere Zeit aufgegeben wurde und noch immer an Ort und Stelle erhalten ist.

Die Begründerinnen dieses langlebigen Klosters traten im Jahr 1304 dem Dominikanerorden bei. Weder die Stadtzerstörung von 1689 noch andere Katastrophen bedeuteten das Ende des Konvents. Im Barockstil ließen die Dominikanerinnen ihre Kirche neu aufbauen, bis heute unverkennbar. Gut 100 Jahre später kam mit der Säkularisierung die Aufhebung des Klosters. Einer Handvoll zäh ausharrenden Schwestern ist es zu verdanken, dass die Anlage im Jahr 1807 wieder in den Besitz der Kongregation zurückkehrte.

Zur Nazizeit erfolgten weitere Repressionen. 1937 mussten die katholischen Lehrschwestern der Mädchenvolksschule entlassen werden. In den Hungerjahren nach dem Krieg siegte wieder die Barmherzigkeit: Die Schwestern teilten öffentliche Mahlzeiten aus. Das Kloster eröffnete zudem eine Ausbildungsstätte für Damenschneiderinnen und eine Mädchen-Oberschule, ab 1949 ein Gymnasium. Später wurden die Klassen fünf bis neun der Klostervolksschule in die Zeppelinschule verlegt. 1970 übernahm das Kloster eine Sonder-Berufsgrundschule für lernbehinderte Mädchen. Für sämtliche vom Orden gegründete Schulen reichte das Klostergelände bald nicht mehr aus. So entstand am Langensteinweg die neue Edith-Stein-Schule mit einem gymnasialen und einem Realschulzweig. Vor der Schule erinnert eine Büste an Edith Stein, die in den 1920er Jahren im Kloster lebte. Die katholische Grundschule des Klosters mit einem Schwerpunkt auf Musik blieb bis heute erhalten. Zum Kloster gehören außerdem etwa 100 Schwestern in Brasilien und Peru.

Adresse Hasenpfuhlstraße 2, 67346 Speyer, www.kloster-st-magdalena-speyer.de | ÖPNV Bus 567, Station Schiffergasse | Öffnungszeiten Edith-Stein-Gedenkraum täglich 10–12 und 14–16 Uhr, Gottesdienste unter anderem So 8.30 Uhr, 18 Uhr, Mo–Fr 18 Uhr, Mo–Fr 15–17.30 Uhr ist die Klosterkirche zur Anbetung geöffnet | Tipp Auf dem historischen Gelände mit seinem unübertrefflichen Domblick finden sich Grabkreuze und Inschriften auf den Mauern aus vielen Jahrhunderten.

73 Martin Greifs Geburtshaus

Theaterdichter eines anderen Zeitgeists

Wer Friedrich Hermann Frey getauft wird, braucht eigentlich keinen Künstlernamen. Und doch wählte der am 18. Juni 1839 in Speyer in der Webergasse 1 geborene Dichter den Namen Martin Greif. Sein Vater war Regierungsrat und Kabinettsrat des bayerischen Königs Otto von Griechenland und wurde später nach München versetzt. Friedrich Hermann Frey trat zunächst eine militärische Laufbahn im bayerischen Heer an und wurde nach dem Abitur 1859 Offizier. Sein Herz schlug jedoch für die Literatur. Naturgedichte oder auch Poeme wie »Die verlassene Fischersbraut« sind erhalten. 1867 nahm Frey seinen Abschied vom Militär und veröffentlichte ein Jahr später, durch Vermittlung von Eduard Mörike, eigene Gedichte. Als freier Schriftsteller ließ er sich in München nieder. Im Jahr 1869 zog er nach Wien und wurde zum erfolgreichen Theaterautor. Viele seiner patriotischen Stücke wurden am Burgtheater aufgeführt. Später kehrte er nach München zurück und schrieb für das bayerische Hof- und Nationaltheater. Nach langem Leiden verstarb er mit 71 Jahren in Kufstein, begraben wurde er im österreichischen Zangberg bei Mühldorf am Inn.

Greif sei als Dichter, so urteilte Kritiker Josef Steinbichler im Jahr 2011 »was seine Verse anbelangt, gleich neben Mörike zu stellen«. Er verfasste über 1.000 Gedichte, nicht alle könnten »heute noch bestehen«, wie es der Kritiker ausdrückt. Seine vaterländische Sujets und viele seiner Werke sind heute nicht mehr unvoreingenommen rezipierbar. Doch sie entsprachen dem damaligen Zeitgeist, der Stoff für sein dramatisches Gedicht »Hans Sachs« von 1866 inspirierte auch Richard Wagner zu seinen »Meistersingern von Nürnberg«. Speyer ehrte den Sohn der Stadt mit der Benennung einer Straße sowie einer Gedenkstube im Judenhof. Nach der Auflösung der Gedenkstube für anderweitige Nutzung gehen die Exponate zurück an den Leihgeber, das Historische Museum der Pfalz.

Adresse Webergasse 1, 67346 Speyer | ÖPNV Busse 564, 565, 568, Station Domplatz | Tipp Die dem Dichter gewidmete Martin-Greif-Straße liegt in einem der schönsten Speyerer Wohngebiete, zwischen Villen und Gärten. Zur Einkehr mit Biergarten lädt die Gaststätte »Barbarossa«, in der ein Schiffsmodell an den gefürchteten Seeräuber, nicht an den Kaiser erinnert.

74 Der Maulbronner Klosterhof

Verwunschene Mauerdurchschlupfe

Der Maulbronner Klosterhof war der größte von sieben Verwaltungshöfen des im Kraichgau gelegenen Zisterzienserklosters Maulbronn. Der Speyerer Hof bestand von 1159 bis 1797. Das Mutterkloster wurde im 12. Jahrhundert von einem Adligen auf Initiative des Bischofs von Speyer, Günther von Henneberg, gegründet. Durch Schenkungen erwarb das Kloster in den folgenden Jahrhunderten so viel Grundbesitz und musste so viele Einkünfte verwalten, dass es zur Ausgründung mehrerer Höfe kam, unter anderem jenem in Speyer.

Nach dem Tode von Stauferkaiser Friedrich Barbarossa wählten die Maulbronner den Speyerer Bischof zu ihrem neuen Schutzherrn. Der Maulbronner Hof blieb auch bestehen, nachdem das eigentliche Kloster im Jahre 1534 in ein evangelisches Priesterseminar, später in ein Gymnasium mit Internat verwandelt wurde. Johannes Kepler, Friedrich Hölderlin oder Hermann Hesse haben dort im Laufe der Jahrhunderte die Schulbank gedrückt. Heute ist das Kloster in Maulbronn Weltkulturerbe und gilt als die am besten erhaltene mittelalterliche Klosteranlage nördlich der Alpen.

Der Speyerer »Maulbronner Kosterhof« gehörte wie das Mutterkloster zum Herzogtum Württemberg, wie ein auffälliges Wappen über einer Hofeinfahrt bezeugt. Auch große Teile der nahe gelegenen Dudenhofer Gemarkung waren Eigentum des Maulbronner Klosterhofs. Sie waren zwölf Bürgern in Erbpacht anvertraut, daher die Dudenhofener Straßennamen Zwölfmannsdohl oder Zwölfmannsgarten. Im Speyerer Hofkomplex, der der Verwaltung und Lagerung von Gütern diente, sind heute Büros und Praxen untergebracht. Auf der anderen Seite des Hofs verläuft die Stadtmauer, an der hinter Gärten und Höfen ein Weg entlangführt: ein »geheimer« Mauergang quer durch die Altstadt.

Adresse Johannesstraße 22, 67346 Speyer | ÖPNV Busse 564, 565, 568, Station Maximilianstraße | Tipp Nebenan gibt es einen Metzgerei-Einkaufsautomaten. Neben ihrem Geschäft in der Johannesstraße 24 hält die Metzgerei Heiss rund um die Uhr ein Angebot bereit.

75 Das Museum Brückenhaus

Wo der Brückenwärter Zoll kassierte

Viele gehen auf dem Weg zum Rhein an diesem bahnhofähnlichen kleinen Bau vorbei. Zu Zeiten, als Speyer noch eine Schiffbrücke besaß, war das Brückenhaus Wohngebäude und »Einnehmerei« sowie zeitweise auch Zollhaus der Brückenwärter. Die alte Speyerer Pontonbrücke bestand seit 1865 auf dieser Uferhöhe. Sogar die Bahn von Speyer nach Heidelberg führte hier hinüber. Erst 1938 wurde die Überführung abgebaut und durch eine neue Eisenbahnbrücke ersetzt – die jedoch bereits 1945 von der Wehrmacht gesprengt wurde.

Im Jahr 1979 kaufte der »Schiffbauer-, Schiffer- und Fischerverein Speyer e. V.« der Stadt das alte Brückenhaus ab und errichtete darin sein Vereinsheim und ein kleines Schifffahrtsmuseum. Umbau und Renovierung erfolgten unter Denkmalschutz-Auflagen. Im Inneren wird die Vereinsfahne aus dem Jahre 1880 mit der Aufschrift »Vereinter Kraft gar oft gelingt, was einer nicht zustande bringt« verwahrt. Mehrere Anker zieren den Platz vor dem Bau, zur Freude der Speyerbesucher im Kindesalter.

Alten Chroniken ist zu entnehmen, dass bereits im 7. Jahrhundert »Speierer Schiffleut zu mehrmalen sey gen Bingen gefahren«. Die Zunft der Schiffbauer, Schiffer und Fischer taucht im Speyerer Stadtsiegel auf. Im Krankheitsfall bekam jedes Mitglied nach Ablauf von 14 Tagen Krankengeld – aber nur, wenn man sich sein Ungemach nicht durch eigenes Verschulden zugezogen hatte. Auch Witwen und Waisen wurden unterstützt. Der heutige »Schiffbauer-, Schiffer- und Fischerverein«, 1871 gegründet, ist Nachfolger der Zunft. Bei den Vereinszusammenkünften waren »Gehässigkeiten« unerwünscht, steht im Versammlungsprotokoll von 1873. Mitunter wurde ein Mitglied wegen »ungebührlichen Verhaltens oder ungebührlichen Äußerungen gegen den Vorstand« ausgeschlossen. Die im Museum ausgestellten Schiffsmodelle, Transportkähne und Selbstauslader wurden um 1880 maßstabsgetreu nachgebaut.

Adresse Rheinallee 3, 67346 Speyer | **ÖPNV** Busse 564, 565, Station Festplatz, dort auch genügend Parkplätze | **Öffnungszeiten** bei schönem Wetter April–Okt. jeden 1. So im Monat 10–12 Uhr | **Tipp** Der Fischerverein stiftete im Jahr 1958 den Flaggenmast für die Rheinpromenade.

76_Das Museum Purrmann-Haus

Das wiederentdeckte Werk der Künstlerin

Mathilde Vollmoeller war eine begnadete Künstlerin aus guter Familie und Schülerin der Berliner Künstler Sabine Lepsius und Leo von König. Im Jahr 1906 zog sie nach Paris und mietete dort, unterstützt vom Vater, ein Atelier, um sich eine Existenz als Malerin aufzubauen. Ab 1907 zeigte sie ihre Werke mit großem Erfolg. In Paris lernte sie auch ihren späteren Mann kennen, den vier Jahre jüngeren, gebürtigen Speyerer Hans Purrmann, und hinterließ tiefen Eindruck bei Rainer Maria Rilke. Im »Café du Dôme« traf man sich regelmäßig mit anderen deutschen Künstlern. Hans Purrmann, ein Schüler von Franz von Stuck und Mitglied der Berliner Secession, besuchte ebenso wie Mathilde die von ihm mitbegründete »Académie Matisse«. Mit Henri Matisse blieben sie lebenslang verbunden. 1912 heirateten Mathilde und Hans. Mit ihren Kindern lebten sie später unter anderem in Berlin, Langenargen am Bodensee, in Rom und Florenz. Mathilde widmete sich sowohl der Öl- als auch der Aquarellmalerei. Sie starb 1943.

Hans Purrmann starb hochverehrt 1966. Im Jahr 1990 wurde das »Museum Purrmann-Haus« der Stadt Speyer im Geburtshaus des Malers eröffnet, in dem seine Eltern ein Malergeschäft betrieben hatten. Heute zeigt es die größte öffentliche Sammlung an Werken des Künstlerpaares – Gemälde, Aquarelle und Grafiken. Als Künstlerin wurde Mathilde Vollmoeller-Purrmann erst im Jahr 1999 »wiederentdeckt« – nachdem ihr Mann längst berühmt war. Seitdem ist ihr künstlerischer Nachlass ein wichtiger Bestandteil des Museums.

Sonderausstellungen zur Kunst der Moderne ergänzen die Exponate. Alle zwei Jahre werden die »Hans-Purrmann-Preise der Stadt Speyer für Bildende Kunst« gemeinsam von der Stadt Speyer und der Hans Purrmann Stiftung vergeben.

Adresse Kleine Greifengasse 14, 67346 Speyer | ÖPNV Busse 564, 565, 568, Station Wormser Straße | Öffnungszeiten Do–So 11–18 Uhr | Tipp Die Arbeiten der Nominierten der Hans-Purrmann-Preise werden im Anschluss an die Preisvergabe im »Kulturhof Flachsgasse« ausgestellt.

77 Die neue Synagoge

Haus des Friedens

Nach 1945 zogen zunächst nur vereinzelt jüdische Familien zurück nach Speyer. Diese wurden von der jüdischen Gemeinde in Mainz mitbetreut. Im Oktober 1996 gründete sich in Speyer, infolge des Zuzugs von Emigranten aus den GUS-Staaten, ein Verein »Jüdische Gemeinde Speyer e. V.«, der aber von der Jüdischen Kultusgemeinde der Rheinpfalz nicht offiziell anerkannt wurde. Doch 2017 verlegte ebendiese Kultusgemeinde ihren Sitz von Neustadt an der Weinstraße nach Speyer. Die neue Synagoge Beit-Schalom – Haus des Friedens – steht unter ihrer Trägerschaft.

Der dreigeschossige Bau wurde durch die Umgestaltung der Reste der Sankt-Guido-Kirche zur Synagoge. Die Stadt Speyer stellte das Grundstück dafür zur Verfügung. Am 9. November 2008, genau 70 Jahre nach der Zerstörung der alten Synagoge in der Reichspogromnacht, war der Grundstein gelegt worden. Das neue Gotteshaus wurde am 9. November 2011 feierlich eröffnet, unter Anwesenheit von Bundespräsident Christian Wulff. In Rheinland-Pfalz leben etwa 3.300 Juden; die Kultusgemeinde der Rheinpfalz hat rund 650 Mitglieder.

Am ersten Tag der offenen Tür im Jahr 2011 drängelten sich über 5.000 Besucher im neuen Gemeindezentrum. Der Sakralraum mit einer neuen Tora-Rolle sitzt als Ellipse auf dem Fundament der alten Hallenkirche. Der erhaltene Hauptteil wurde zu einem Gemeindezentrum umgebaut. Die Fenster rings um den Toraschrein weisen in Richtung des Doms. Auf dem Vorhang vor dem Toraschrein ist auf Hebräisch der Psalmvers »Wahrheit entsprießt dem Boden und Gerechtigkeit blickt vom Himmel« angebracht. Die Anerkennung des Speyerer jüdischen Erbes als Weltkulturerbe der »SchUM-Städte« im Sommer 2021 stellt auch für die heutige jüdische Gemeinde einen wichtigen historischen Meilenstein dar. Im Garten um die Synagoge finden sich neben den deutschen auch Schilder auf Hebräisch.

Adresse Synagoge Beith Shalom, Weidenberg 3, 67346 Speyer, www.jkgrp.de | ÖPNV Bus 567, Station Adenauerpark | Öffnungszeiten Eintritt und Gebet (Fr 18.30 Uhr, Sa 10 Uhr) mit Voranmeldung, Tel. 06232/9901761 | Tipp An die von 1837 bis 1938 bestehende Speyerer Synagoge am Rossmarkt erinnert ein Mahnmal mit Gedenkplatte in der Hellergasse.

78 Der Ölberg

Unterirdisches Versteck?

Südlich vom Dom liegt die Figurengruppe des sogenannten Ölbergs, die das biblische Geschehen in der Nacht vor der Festnahme Jesu auf dem Ölberg und die Festnahme selbst darstellt. Das Gebäude ist etwa 15 Meter hoch. Nikolaus Elser und Hans Seyfer schufen den »Ölberg« in den Jahren 1505 bis 1512 als Zentrum des damaligen Dom-Kreuzgangs. Im ausgehenden Mittelalter liebte man die Darstellung dieser Ereignisse. Einst galt diese Skulpturengruppe als eine der bedeutendsten Schöpfungen deutscher gotischer Baukunst. Luther und andere Zeitgenossen erwähnten sie voller Anerkennung und hoben die mitreißende Dramatik der dargestellten Figuren hervor. Noch heute würdigen Kunsthistoriker die theatralisch-liturgische Qualität des Ensembles mit seinen ursprünglichen Figuren und die hohe Kunstfertigkeit der Bildhauer. Der Ölberg genießt damit eine Sonderstellung in der Architekturgeschichte. Innerhalb desselben Domkreuzgangs befand sich auch der Friedhof der Domgeistlichkeit. Durch den Stadtbrand von 1689 und französische Revolutionstruppen Ende des 18. Jahrhunderts wurde die Skulpturengruppe schwer beschädigt. Der Kreuzgang brannte aus und wurde hernach nicht mehr aufgebaut. Die alten Figuren wurden im 19. Jahrhundert durch neue aus der Werkstatt des Speyerer Bildhauers Gottfried Renn ersetzt; ein Dach schützt sie seither vor Witterungseinflüssen.

Ein wahres Kuriosum ist, wie die frühneuzeitlichen Baumeister unter dem eigentlichen »Berg« aus unregelmäßig behauenen Sandsteinblöcken noch eine kleine Kapelle einfügen konnten. Die versteckte Kapelle war dem Erzengel Michael geweiht. Gut sichtbar von außen führt ein Eingang hinunter. Angeblich führten einst mehrere unterirdische Gänge zu dieser Kapelle. Zu den Zeiten, als der Kreuzgang noch intakt war, boten sich so Fluchtmöglichkeiten in und aus dem Dom – eine Inspiration für jeden Romancier!

Adresse Domgarten, 67346 Speyer | ÖPNV Busse 564, 565, 568, Station Domplatz | Tipp An der hinter dem Ölberg liegenden Südmauer des Doms lassen sich eingebaute Grabsteine und Inschriften entdecken.

79 philipp eins

Tafeln wie der Landgraf

Obwohl Speyer 1689 fast komplett niederbrannte, haben sich einige alte Höfe erhalten. Der besterhaltene Renaissancehof steht in der Johannesstraße. In seinem Gastsaal finden sich Rußspuren, die noch von dem großen Stadtbrand stammen sollen. Während der Reichstage zu Speyer 1526 und 1529 diente das Gebäude dem hessischen Landgraf Philipp I. als Unterkunft. Anfang des 20. Jahrhunderts wurde der Gasthof unter dem Namen »Stadt Nürnberg« Zeuge der Gründung eines Speyerer Fußballvereins, 1945 fanden Kriegsflüchtlinge darin Quartier. Heute trägt er den Namen »philipp eins«, benannt nach dem protestantischen Landgrafen, und dient als Eventlocation für Hochzeiten, Lesungen, Konzerte, Partys oder Feste und wird von der jungen Crew der Eventagentur »mein event.« betrieben. Für Gruppen ist großzügig Platz im Saal unter den hohen Decken. Die Fenster mit lichter Höhe und der Dielenboden lassen an einen Historienschinken denken. Eine Bühne, ein regionales wie internationales Speiseangebot und Pfälzer Weine renommierter Weingüter stehen bereit. Ob Bandauftritt, Fotobox oder Tanzfläche, alles lässt sich einrichten. Hier sind auch die Party- und Konzertformate »Babble und Zabble« oder »Ulis Wohnzimmer« zu Hause.

Ein besonderes Juwel ist der lauschige Innenhof samt Verdi-Büste, in dem manch unvergessliche Feier ihren Auftakt erfährt: als Kulisse für den Sektempfang, eine freie Trauung oder ein Grillbuffet. Eine Sandsteintreppe führt hinab.

Der legendäre Landgraf Philipp I., genannt »Der Großmütige«, war ein richtiger Lebemann, ein Renaissancemensch durch und durch. Er gehörte zu den Fürsten der Protestation. Ein halbes Jahrhundert war er Landgraf von Hessen und gründete die Philipps-Universität Marburg. Mehr als ein Dutzend Kinder nannten Philipp »Vater«. Dass er zwei Ehefrauen zugleich hatte, mussten selbst seine Mitstreiter Martin Luther und Philipp Melanchthon hinnehmen.

Adresse Johannesstraße 19, 67346 Speyer, www.philippeins.de | ÖPNV Busse 564, 565, 568, Station Wormser Straße | Öffnungszeiten zu den Veranstaltungen | Tipp Ein Blick in die umgebenden Altstadtgassen lohnt sich. Die Lebkuchenstraße etwa zeugt noch von der einstmals angesehenen Zunft der Lebkuchenbäcker.

80 Die Prinz-Luitpold-Straße

Wohnungsbau im Villenstil

Zu Beginn des letzten Jahrhunderts fanden französische Offiziersfamilien und höhere Beamte ein Zuhause im villenartigen Groß-Wohnbau der Prinz-Luitpold-Straße 10 und 12. Der monumentale Bau wurde vom damaligen Reichvermögensamt in den Jahren 1920 und 1921 für französische Offiziersfamilien der Besatzungsarmee errichtet. Das weitläufige Doppelhaus fügt sich durch einige Unterteilungen harmonisch in die umgebende Bebauung ein. Die beiden Kopfbauten wirken wie selbstständige Stadtvillen. Sie sind durch einen zurückversetzten Mittelteil miteinander verbunden. Die Anlage gilt als gelungene Kombination des sogenannten Heimatstils mit klassischen Elementen wie Baldachinen, »hängenden« Fenstern oder Balkon-Konsolen.

Wie kam die Prinz-Luitpold-Straße, die in der Nähe des Bahnhofs verläuft, eigentlich zu ihrem royalen Namen? In der bayerischen Zeit war Speyer Teil einer konstitutionellen Monarchie. Im Jahre 1894 besuchte der beliebte, künstlerisch interessierte bayerische Prinzregent Luitpold die Stadt. Aus diesem Anlass wurde die bis dato noch namenlose neue Straße kurzerhand zu seinen Ehren benannt. Der mit 73 Jahren schon recht betagte Prinzregent führte seit 1886 die Regierungsgeschäfte nach dem Tod des »Märchenkönigs« Ludwig II. und der Entmündigung von dessen geisteskrankem Bruder Otto. Luitpold war Sohn von König Ludwig I. und Bruder von dessen Nachfolger, dem 1864 verstorbenen König Maximilian sowie vom Wittelsbacherkönig Otto von Griechenland. Er setzte sich für Bildungsbelange ein, führte in Bayern das Frauenstudium ein und förderte die Entfaltung des deutschen Jugendstils. 1912 verstarb er hochgeehrt. Nach ihm wurden zahlreiche Straßen, Plätze und Institutionen benannt.

Adresse Prinz-Luitpold-Straße 10–12, 67346 Speyer | ÖPNV alle Busse und S-Bahnen bis Hauptbahnhof | Tipp An die Präsenz der Franzosen erinnerte auch das früher »Cité de France« genannte Viertel um die Landauer Straße.

81 Das Ravenna-Mosaik

Guter Draht zu Dante & Co.

Im Kulturhof Flachsgasse lädt eine Sitzgruppe zum Ausruhen ein, geschmückt mit einem Mosaik, das Herkules darstellt, ein Gastgeschenk aus Speyers Partnerstadt Ravenna. Bevor es an diesen prominenten Ort verbracht wurde, war es im Stadtteil Vogelgesang zu sehen. Dort gibt es einen Platz der Stadt Ravenna. Wegen ihrer Kunstschätze und ihrer Vergangenheit unter byzantinischer Herrschaft wird Ravenna auch als »Byzanz des Westens« bezeichnet. Es ist die Heimstatt des Grabes des italienischen Nationaldichters Dante Alighieri und seit 1989 die Partnerstadt von Speyer. 1992 gründete sich ein Freundeskreis Speyer-Ravenna, in Italien gibt es den entsprechenden Partner-Freundeskreis Circolo Amici di Speyer. Beide Kreise organisieren Reisen, Besuche, Konzerte und ein vielfältiges Austauschprogramm. Berühmtheit erlangte die Stadt Ravenna nicht nur durch ihre acht Welterbestätten, sondern auch wegen ihrer beeindruckenden Mosaike von herausragender Qualität. Dafür steht der vergleichsweise einfache Herkules in symbolischer Form.

Und was hat es mit dem Speyerer Kulturhof auf sich? Seit 2001 ist auf dem Areal die Städtische Galerie zu Hause. Sie zeigt jährlich etwa sechs Ausstellungen: neben aktuellen Kunstwerken aus der Region auch Werke verstorbener Künstler und Stücke aus dem städtischen Kunstbesitz. Vernissagen, Finissagen und weitere Sonderveranstaltungen umrahmen das Programm. Im selben Haus finden außerdem Ausstellungen des Kunstvereins Speyer sowie der Winkeldruckerey statt. Wer sich für Kunst interessiert, wird also auf engstem Raum fündig. Der Kulturhof Flachsgasse wurde 2016 durch die Prüfstelle »Reisen für Alle« für barrierefrei befunden. Neben der Mosaik-Sitzgruppe ist auch der öffentliche Bücherschrank im Hof ein beliebter Treffpunkt und wird eifrig genutzt. Die Tourist-Information hat ihr Büro in unmittelbarer Nähe. Viele Führungen starten im Kulturhof.

Adresse Flachsgasse 3, 67346 Speyer | ÖPNV Busse 564, 565, 568, Station Dom/Stadthaus | Öffnungszeiten Kunstgalerie Kulturhof: Do–So 11–18 Uhr | Tipp Im kunstvollen historischen Ratssaal im benachbarten Gebäudekomplex kann man sich trauen lassen. Er bietet auch einen würdigen Rahmen für Vorträge und Lesungen.

82 Der Retscher

Ruine voller Geschichte(n)

Inmitten der bewohnten Altstadthäuser liegt die Ruine eines gotischen Patrizierhauses, erbaut anno 1240 durch die Familie Retschelin. Es ist der einzige so gut erhaltene mittelalterliche Profanbau der Stadt. Der Retscher wurde zu manchen Zeiten als Kirche genutzt, zu anderen als städtisches Zeughaus. So verwahrte Speyer Anfang des 17. Jahrhunderts in seinen Zeughäusern 34 Geschütze, 216 Musketen, 61 Hellebarden, 23 Schlachtschwerter und 187 Spieße – Waffen für die Bürger. Zu ihrem Schutz kamen 304 Harnische hinzu.

Das außergewöhnlich hohe, mehrstöckige Gebäude des Retschers diente im Laufe seiner Geschichte auch als Gerichtshaus und als Ratsschule. 1689 brannte es nieder und blieb seither Ruine. Noch im 19. Jahrhundert wurde angenommen, hier habe sich die Protestation formiert. Daher rührt auch die Bezeichnung als »Protestationskirche«. Doch statt das Profanhaus nach dem Stadtbrand wieder aufzubauen – diesmal als Kirche –, bauten die Lutheraner zur Barockzeit in seiner unmittelbaren Nähe ihre neue Dreifaltigkeitskirche. Der Retscher ist bis heute Ruine, mit einer großen romantischen Anziehungskraft. Mancher Maler, Zeichner oder Schriftsteller fühlte sich von einem Aufenthalt im überwucherten Ruinenhof inspiriert. Neben dem Retscherhof befand sich das Gelände des Sankt-Georgen-Hospitals der Bürger (siehe Ort 68).

Bis heute bleibt der Retscher mit der Erinnerung an die Protestation verbunden. Als die Lutheraner im Jahr 1853 ihren Verein für den Bau einer Kirche zum Gedächtnis an die Protestation gründeten, nannten sie ihn zunächst »Retscherverein«. Erst als sich die Erkenntnis durchsetzte, dass die Protestation wohl im Ratshof zu Speyer stattgefunden hatte, plante man die neue Protestationskirche an ihrem heutigen Platz (siehe Ort 46). Sogar diese neue Kirche wurde ab und an noch als »Retscherkirche« bezeichnet.

Adresse St.-Margarethen-Gasse, 67346 Speyer | ÖPNV Busse 564, 565, 568, Station Dom/Stadthaus | Öffnungszeiten von innen ist die Ruine nur zu Führungen zugänglich, buchbar bei der Tourist-Information, Tel. 06232/142392 | Tipp Die benachbarte Dreifaltigkeitskirche hat viel Prominenz gesehen. Felix Mendelssohn-Bartholdy soll auf ihrer Orgel gespielt haben, August Bebel als Lehrling in ihren Gottesdienst gezwungen worden sein – was sicher seine religionskritische Überzeugung festigte!

83 Die RheinVilla

Für die perfekte Work-Drink-Balance

In der denkmalgeschützten, ehemaligen Direktorenvilla der »Alten Ziegelei« am Rheinufer regt sich neues Leben. Wie viele Speyerer Gründerzeitvillen verdankt diese ihre Existenz der einstmals lukrativen Ziegelindustrie. Ein Bauboom und die Erkenntnis, dass Backsteine und Ziegel wesentlich brandsicherer sind als Fachwerk, sorgten seit dem 19. Jahrhundert für einen Anstieg von Ziegeleien und Tongruben rund um Speyer mit seinen lehmhaltigen Böden. Der Direktor der früheren Erlus-Ziegelei am Rhein ging selbst mit gutem Beispiel voran und wohnte in einer Villa aus Ziegelstein. Bis 1996 (!) brannten noch letzte Ziegelöfen in der Domstadt. Wie das benachbarte Neubaugebiet »Am Fluss« mit klinkergepflasterten Wegen, erinnert auch diese Villa an die industrielle Geschichte des Areals. Heute verkörpert sie als Coworking Space eine neue Dimension vom Leben und Arbeiten mit Rheinblick.

Betrieben wird die Rheinvilla vom Unternehmen Goodspaces. Wer einen PC-Arbeitsplatz sucht, bucht sich tage- oder monatsweise ein, mit oder ohne festen Platz, mit oder ohne weitere benötigte Technik. Die gemeinsam nutzbaren Räume für die Kommunikation, die Kücheneinrichtung oder die Services für die Verpflegung wirken stylisch. Wer hier nicht zu kreativer Entfaltung findet, der muss definitiv in einer Krise stecken!

Nach getaner Arbeit oder auch für eine kleine Inspiration zwischendurch lädt die angeschlossene Bar zu einem Päuschen ein. Diese wurde rings um den Vorplatz, quasi als Garten um die Villa, eingerichtet. Es gibt Flohmärkte, Bier- oder Wein-Tastings. Bei gutem Speyerer Bier oder Wein gleitet der Blick über den träge dahinströmenden Rhein. Musik in den Ohren, beginnen die Gedanken zu fliegen. Mancher Geistesblitz zündet plötzlich oder entsteht in lockerem Austausch mit anderen Kreativen. Und da das WLAN auch im Garten noch stark ist, kann man die Ideen gleich online teilen.

Adresse Hafenstraße 39, 67346 Speyer | ÖPNV Bus 567, Station Hafenstraße | Öffnungszeiten nach Vereinbarung über goodspaces.de | Tipp Nach Fertigstellung des gesamten Wohnquartiers wird man kilometerweit im neuen Rheinuferpark flanieren können.

84 Der Riegel

Im Reich der geheimen Gärten

Im Mittelalter gab es zwei Stadtmauerbögen über den Speyerbach, den Hasenpfühler Riegel, auch »Oberer Speyerbachriegel« genannt, und den Riegel am Gackturm. An beiden Enden der Hasenpfuhl-Vorstadt griff also die Stadtmauer über den Bach. Der heißt in diesem Bereich Woogbach, es handelt sich aber nach wie vor um den Speyerbach. Mittlerweile ist der untere Riegel verschwunden. Geblieben ist der obere, ein magischer Ort am Rande der Altstadt. Im Sommer lässt es sich auf der Wiese davor im Schatten picknicken. Doch auch im Winter ist das Mauerstück für manches Fotomotiv gut.

Man findet zum romantisch umwucherten Mauerbogen, indem man dem Verlauf des Grabens am Eselsdamm folgt und sich nach links auf die Wiese wendet, sobald der Bachlauf in Sicht kommt. Auf zwei großen Bögen überquert der Wehrgang der mittelalterlichen Stadtmauer den Bach. Früher verriegelten Holzgatter die beiden Öffnungen, die heute noch erkennbar sind. So konnte Unrat, aber auch manches, was besser nicht im Bach entsorgt worden wäre, am Gatter geborgen werden. Eine bewusst gelassene Lücke im westlichen Gatter ließ Kähne und Holz, das geflößt wurde, dennoch hindurch. Später verlandete der östliche Bogen und wurde zugemauert.

In der Nähe finden sich »geheime« Gärten. Folgt man etwa der Mehlgasse stadtauswärts, stößt man an ihrem Ende auf einen privat verpachteten Garten, der an Stadtmauer und Riegel angrenzt. Dieses wildromantische grüne Fleckchen ist nur zu bestimmten Anlässen oder im Rahmen besonderer Führungen zugänglich. Manche Speyerer Gärten bergen wahre Schätze. Eine freudige Überraschung erlebte Apotheker Johann Seger Ruland, als er im Jahre 1711 einen verwilderten Garten kaufte, in dem ein paar Rebstöcke mit graubräunlichen Trauben standen. Als er aus ihnen den ersten Wein kelterte, wurde dieser zum Verkaufsschlager: Der »Ruländer« war geboren, auch bekannt als Grauburgunder oder Pino Grigio.

Adresse Ecke Eselsdamm/Mörschgasse, 67346 Speyer | ÖPNV Bus 567, Station Eselsdamm | Öffnungszeiten besondere Führungen bitte erfragen bei der Tourist-Information, Tel. 06232/142392 | Tipp Eine Querstraße der Mehlgasse heißt »Halbes Dach«. Sie verdankt diesen originellen Namen einem Haus »zum halben Dach«, das schon 1355 erwähnt wurde.

85 Der Römer-Grenzstein

Spielball der Hunnen

Fast verschwunden unter dem Grün des Domgartens zeugt heute noch ein römischer Grenzstein vom Verlauf von Speyers erster Stadtmauer. Denn Speyer geht vermutlich auf ein im Jahr 10 vor Christus von den Römern angelegtes Erdkastell zurück. Die Römer siedelten in diesem Gebiet den Germanenstamm der Nemeter an. So kam Speyer zu seinem römischen Namen »Civitas Nemetum«. Bei Kanalarbeiten traten in der Kleinen Pfaffengasse Grabenreste zutage, die vermutlich zum Kastell gehörten. Um 74 nach Christus hatte sich um den heutigen Königsplatz eine Siedlung gebildet. Dort wurde eine Säulentrommel, wahrscheinlich von einem Bacchus-Tempel, geborgen. In der heutigen Altstadt fand man Spuren von Altären für Herkules, Merkur, Minerva, den Soldatengott Mithras und für die gallische Stammesgöttin Nantosvelta. Bis zum frühen Mittelalter reichte das Stadtgebiet vom Hochufer bis zur Kleinen Pfaffengasse und vom Dom bis zur Flachsgasse/Webergasse. Es gab in Speyer Töpfereien und Brennöfen. Außen um die Stadt lagen Gutshöfe. In einem von ihnen wurde Römerwein sichergestellt (heute im Weinmuseum). 260 nach Christus wurde Speyer Grenzstadt, eine römische Truppe war hier stationiert.

Gut 150 Jahre später gaben die Römer Speyer auf. In der Neujahrsnacht 405 setzten Vandalen, Sueben und Alanen über den Rhein und machten viele Einwohner nieder. Hernach siedelten sich die Burgunden am Rhein an. Im Jahr 455 wurden sie von den Hunnen besiegt und vertrieben. Man hat im nahen Altlußheim ein »donauländisch-südrussisches« Schwert eines Hunnen aus dieser Zeit gefunden (heute im Landesmuseum Karlsruhe). Ab 496 etablierten sich die fränkischen Merowinger im heutigen Stadtteil Altspeier. Ihr König Dagobert soll im 7. Jahrhundert den ersten Dom errichtet haben. Noch bis ins 10. Jahrhundert hieß Speyer »Civitas Nemetum«, parallel trat auch schon der Name »Spira« auf.

Adresse Unterer Domgarten, 67346 Speyer | ÖPNV Busse 564, 565, Station Festplatz | Tipp Die römischen Stadtmauern verliefen weiter über das Grundstück des heutigen Landesarchivs der evangelischen Kirche.

86 Die Rossmarktstraße

Von Musikalien und Schuhmacherpoeten

Mit edler Holzoptik und nostalgischem Charme ist das Musikfachgeschäft Capella in der Rossmarktstraße ein Eldorado für Hobbymusiker und alle, die ein Instrument spielen – seit mehr als einer Generation. Auch Profis finden Noten oder Musikbücher und eine stattliche Sammlung von CDs und DVDs, die man sonst lange suchen muss. Musikinstrumente wie Blockflöten, Ukulele und andere Kleininstrumente lassen sich direkt im Laden in Augenschein nehmen. Noten für die unterschiedlichsten Instrumente und Musikrichtungen können nach fachkundiger Beratung bestellt werden. In vielen kleineren Städten gibt es solch ein Geschäft nicht mehr.

Direkt neben dem charmanten Musikgeschäft kündet eine blaue Tür mit Glaseinlegearbeiten von einer leider nicht mehr bestehenden Pralinerie. In jenem Haus wohnte der Schuhmacher und Poet Johann Georg Hufnagel, ein Speyerer Original à la Hans Sachs. Eine bemerkenswerte Koinzidenz ist, dass der Stoff zu Wagners Meistersingern samt der Figur des Hans Sachs vom Speyerer Martin Greif bearbeitet wurde. Die blaue Tür wurde über viele Jahre zu besonderen Anlässen geöffnet; im Haus war dem Schuhmacherpoeten ein Gedenkraum eingerichtet worden. Heute müssen Besucher mit dem Gedenkschild Vorlieb nehmen.

Johann Georg Hufnagel wurde am 5. August 1869 in Altheim bei Nürnberg geboren – eine weitere Verbindung zum Hans-Sachs-Stoff! Der gelernte Schuhmacher lebte ab 1895 in Speyer und machte sich als Heimatdichter einen Namen, auch über die Region hinaus. Neben Gedichtbänden erschienen Essays unter der Rubrik »Briefe aus der Pfalz« in den Speyergau-Heimatblättern. Von seiner Kindheit zur Zeit des Kaiserreichs und während des Ersten Weltkriegs zeugen die Erinnerungen von 1914 oder der Titel »Unsere Jugend in großer Zeit 1914/15«. Erst 1961, also posthum, erschien Hufnagels Autobiographie. Der dichtende Schumacher starb hochbetagt 1951 in Speyer.

Adresse Capella Verlag Speyer, Rossmarktstraße 32, 67346 Speyer | ÖPNV Busse 564, 565, 568, Station Postplatz | Öffnungszeiten Mo–Fr 10–13 und 14.30–18.30 Uhr, Sa 10–15 Uhr | Tipp Die Nachbarschaft um den alten Rossmarkt hat viel Charme. Am Schulplätzel ist eine Einhorn-Skulptur von Gernot Rumpf an einem Brunnen zu entdecken.

87 Das Sakramentshaus

Über den Kellern des ausgebrannten Stifts

In der Allerheiligenstraße steht ein Palazzo, der auf den Fundamenten des Allerheiligenstifts aus dem 11. Jahrhundert ruht. Das Stift wurde vom Speyerer Bischof Sigibodo 1040 errichtet und unterhielt, wie alle Stifte, eine Schule. Im Jahr 1316 wird es urkundlich erwähnt. Neben dem Domstift, dem Sankt-Germans- und dem Sankt-Guido-Stift, das ebenfalls nicht mehr besteht, war es eines der bedeutenden Speyerer Stifte. Seine Kirche, an der im 16. Jahrhundert lutherisch gepredigt wurde, musste nach dem Stadtbrand 1689 neu errichtet werden. Anfang des 19. Jahrhunderts wurde sie abgebrochen.

Zu sehen ist heute ein spätbarockes Herrenhaus, das sogenannte Sakramentshaus. Es wurde vor 1712 in dieser Form für Amtmann Schommarz erbaut, dessen offizieller Titel »Hochfürstlicher Speyerischer Amtskeller zu Bruchsal« lautete. Die Gebäude umschlossen zwei Innenhöfe. Die Kellergewölbe stammen noch aus der Zeit vor dem großen Stadtbrand. Sie befinden sich auf verschiedenen Niveaus, haben unterschiedlich dicke Mauern und Deckenwölbungen. Ehemals gehörten sie zum Stiftsgebäude, das beim Stadtbrand in Flammen aufging und hernach nicht wieder in seiner einstigen Größe neu errichtet wurde. Ins Herrenhaus über den Stiftsgebäudekellern zogen später die sogenannte Herberge »Löblich Elendsherberg Almoßen« und ab dem Jahr 1820 das bayerische Garnisonslazarett.

Im Jahr 1977 wurde das Sakramentshaus neu instandgesetzt. Seine Rückseite lehnt sich an die Stadtmauer an. Die Allerheiligenstraße, an der es gelegen ist, erinnert mit ihrem Namen noch an das verschwundene Stift. Seit dem Mittelalter hat sich der Straßenverlauf hier nicht geändert. Die von der Allerheiligenstraße abgehenden Sträßlein Mönchsgasse und Brudergasse bestehen ebenfalls schon seit dem Mittelalter. Nur die Linden- und die Feuerbachstraße sind erst im 19. Jahrhundert hinzugekommen.

Adresse Allerheiligenstraße 11, 67346 Speyer | **ÖPNV** Bus 562, Station Salierstraße | **Tipp** Wer gern in uralten Gewölben speist, dem sei die »Alte Zisterne« in der Schützenstraße 21a zu empfehlen, ein weitläufiger Bau von 1471, derzeit mit vietnamesischem Restaurant. Beliebt ist der »Brunnentisch«, ein alter Brunnen mit Glasplatte, durch die man in die Tiefe schaut.

88 Die Sanddünen

Arabien im Wald

Westlich von Speyer, nahe der Ortsgemeinde Dudenhofen, hat die Natur gleich zwei große Sanddünenzungen geschaffen, die heute von Kiefernwald eingerahmt und durch einen Dünenpfad miteinander verbunden sind. Seltene Tierarten wie Ameisenjungfer oder verschiedene Urkrebse fühlen sich dort wieder heimisch. Die Bundeswehr kann auf diesem Wüstengelände trainieren, worauf Schilder hinweisen. Zu Manöverzeiten sind Spaziergänge mit und ohne Tier im Kerngebiet der Bundeswehr verboten, zu anderen Zeiten geschehen sie »auf eigene Gefahr«.

Die hiesigen Sanddünen bestehen bereits seit der Eiszeit, als der Speyerbach sie anschwemmte. 2013 stieß der Naturschutzbund (NABU) und dessen Naturschutzzentrum Rheinauen das Projekt »Lebensader Oberrhein – Naturvielfalt von nass bis trocken« an. Viele Dünen mussten erst wieder freigelegt werden, damit sich die biologische Artenvielfalt voll entwickelte. Durch Kiefern und Büsche waren sie überdeckt worden und für die spezialisierten Tierarten als Lebensraum verloren gegangen. Die extreme Trockenheit in diesem Gebiet, Hitze und Nährstoffarmut erlauben nur der Trockenen Sandheide, Heide, Ginster, Silbergras oder Straußgräsern die Ansiedlung. Im Zuge der Naturinitiative waren Tausende Exemplare seltener Pflanzen von Freiwilligen und Naturschützern in mühevoller Kleinarbeit in Töpfen vermehrt und anschließend ausgewildert worden.

Auf den Informationstafeln und entlang des Dünenpfads sind die Tier- und Pflanzenarten dargestellt, die sich in den letzten Jahren wieder angesiedelt haben. Die Ameisenjungfer ist in der Pfalz ansonsten nicht mehr zu finden. Wildbienen surren über den Boden; sie brüten dort. Eine Wespenart ohne Flügel, die aussieht wie eine Ameise, wurde gesichtet. Wer viel Glück hat, begegnet einer der seltenen Smaragdeidechsen. Ein Teil der Sanddünen ist »Nationales Naturerbe«; Sanddünen sind im deutschen Binnenland äußerst selten.

Adresse Dünenpfad Dudenhofen, 67373 Dudenhofen | Anfahrt B39 Richtung Dudenhofen, Ausfahrt Iggelheimer Straße, dieser folgen, bis es rechts zum Parkplatz Dünenpfad Dudenhofen geht (Eingang West) | Tipp Der Dünenpfad bietet Gelegenheiten zum Rasten und zum Verzehr eines mitgebrachten Picknicks. Abfälle werden bitte wieder mitgenommen.

89__Die Schiffswerft Braun

Ein Königreich für Riesenpötte

Alles wirkt wie für Riesenhände geschaffen auf dem Werksgelände der Schiffswerft Braun am Neuen Rheinhafen: ob Schraubenschlüssel, Schmiedewerkzeug oder Seilwinde. Über 100 Jahre hat sie auf dem Buckel – beziehungsweise dem Schiffsdeck. Damit hat sich der Traditionsbetrieb, anders als andere Binnenwerften, in schwierigen Zeiten behauptet. Heute werden große Rheinschiffe nach 30 bis 35 Jahren eher verkauft und verschrottet als repariert.

Das Werftgelände umfasst die gesamte Halbinsel »Am Neuen Rheinhafen«. Landseitig gegenüber liegt der Ölhafen. Neben dem Nassdock steht auch ein Trockendock zur Verfügung. Mit Hilfe einer Hellinganlage werden die schweren Pötte mit höhenverstellbaren Wagen auf einer Gleisanlage an Land gezogen und, wenn erforderlich, auf Stahlböcken abgesetzt. Diese Anlage ist auf einer Schräge gebaut, so lassen sich unterschiedliche Rheinpegelstände ausgleichen. Mit Hilfe eigens konstruierter, gigantischer Seilwinden reicht sogar die Kraft von Menschenhand für deren Bedienung aus, unterstützt durch E-Motoren, Wellen und Zahnräder.

Gegründet wurde die Schiffswerft Braun im Jahr 1901 am Alten Floßhafen. Parallel dazu liegt der alte Speyerer Hafen, der heute zum Yachthafen ausgebaut ist. Hatte die traditionsreiche Werft Ende der 1970er Jahre noch 42 Auszubildende verschiedener Berufe, so stellt sich heute ein Nachwuchsproblem. Die Arbeit ist schwer, aber die Atmosphäre kumpelhaft. Mitarbeiterfluktuation gibt es schon seit Jahren kaum, wie der Geschäftsführer versichert. Und dennoch ist Zeit Geld. Um die Ausfallzeiten für die Schiffseigner wegen Reparatur möglichst gering zu halten, werden die planbaren Auftragstermine erst festgelegt, wenn alle notwendigen Materialien beziehungsweise Ausrüstungsteile an der Werft vorhanden sind. Dann geht alles schnell, innerhalb weniger Stunden oder Tage, sodass kein Schiff eine lange Liegezeit verbuchen muss.

Adresse Josef Braun GmbH & Co. KG, Am Neuen Rheinhafen 14, 67346 Speyer | Anfahrt B39, Ausfahrt Speyer-Zentrum/Flughafen-Süd, nach 170 Metern rechts Richtung Flughafen/Halle 101 auf Industriestraße, nach 270 Metern links in Heinkelstraße (wird zu Am Neuen Rheinhafen) | Öffnungszeiten nur für Kunden, das Gelände ist aber teilweise vom Ufer Am Neuen Rheinhafen aus zu sehen | Tipp Bedarf für kleine Yachten findet man eher im Industriegebiet Auestraße.

90 Das Schlösschen im Park

Romantische Sommerfrische

Im Jahr 2022 war das Schlösschen im Park im Ortsteil Limburgerhof Veranstaltungsort des »Filmfrühlings«, eines kleinen Open-Air-Festivals, das von den Initiatoren des »Festivals des Deutschen Films« auf der Parkinsel Ludwigshafen organisiert wurde. Erstmals fand der »Filmfrühling« 2021 im BASF-Fachwerkhof in Rehhütte statt – und wurde trotz Corona ein großer Erfolg. Auch im zweiten Jahr besuchten täglich Hunderte Gäste die Filmvorführungen im weitläufigen Park des Schlösschens. Insgesamt waren 14 deutsche und internationale Kinofilme und zwei Kinderfilme zu sehen. Der gesamte weitläufige Schlosspark wurde festlich illuminiert. Das angrenzende Schlösschen bot reichlich Platz für die Verpflegung und gesellige Runden im Freien – eine Location mit viel Sommerzauber.

Das Schlösschen, im 19. Jahrhundert als Dyckerhoff-Lamey-Haus bekannt, blickt auf eine über 180-jährige Geschichte zurück. Es wurde auf dem Gelände des Limburger Hofgutes von Friederike Gräfin von Freudsein errichtet. Später ging es in den Besitz der BASF über. Von 1902 bis 1955 beherbergte es die damalige Volksschule. Daher verbinden einige Anwohner noch Kindheitserinnerungen mit ihm. Danach wurde es zu einer Ausbildungsstätte der BASF. Mit dem Kauf des Schlösschens übernahm die Gemeinde Limburgerhof auch die Erarbeitung eines Nutzungskonzepts. Hierzu wurde ein Förderverein gegründet. Dieser will dazu beitragen, dass das Schlösschen mit seiner Parkanlage als Ort der Begegnung und Kultur erhalten bleibt. Dazu hat er eine Konzertreihe, »Kultur im Schlösschen«, ins Leben gerufen. Gemietet werden können der Festsaal im Erdgeschoss, die »Gute Stube« im ersten und das Vetter Kabinett im zweiten Stockwerk. Im Schlösschen werden auch Trauungen für Gruppen bis 49 Personen durchgeführt. Romantischer könnte kaum ein Drehort zu einem Hochzeitsfilm sein.

Adresse Förderverein Schlösschen im Park, Limburgerhof e. V., Parkstraße 43, 67117 Limburgerhof | ÖPNV von Ludwigshafen Busse 581, 585, Station Limburgerhof, Süd | Anfahrt von Speyer B9 Richtung Ludwigshafen, Ausfahrt Limburgerhof/Rehhütte, rechts in L533, bis zum Schlosspark, dann links in Parkstraße, zweimal links bis Schlosseingang | Öffnungszeiten Informationen auf www.schloesschen-limburgerhof.de | Tipp Im benachbarten Rehhütte befindet sich ein denkmalgeschütztes Hofgut mit sehenswertem Fachwerk. Seit 1914 ist es im Besitz der BASF, die hier einen landwirtschaftlichen Betrieb unterhält.

91 Das Schmuckatelier

Hof-Oase der Kunst

In Speyer ist es oft zunächst ein schöner Hof, der das Auge im Vorübergehen lockt. »L+L« steht außen am blauen Holztor. Ein L steht für Antje Liebscher, das zweite für ihren Künstler-Vater Frank-Rainer Liebscher. Der Vater betrieb im Gehöft ein Keramikatelier mit eigenem Brennofen. Er schuf auch die Keramik-Lampenschirme im Alten Ratskeller und so manchen blauen Keramikturm im öffentlichen Raum.

Im Innenhof befinden sich heute Werkstatt und Atelier der renommierten Schmuckdesignerin sowie ihre Galerie für modernen Schmuck. Hier arbeitet sie an ihren Kollektionen, die auf internationalen Messen und Ausstellungen gezeigt werden. Nebenbei findet sie noch Zeit, ihr Lieblingsmotiv zu malen: Wasser, Wellen, das Meer. Wellen in allen Varianten bevölkern die Leinwände im Atelier hinter der Schmuckstube.

Organisch und niemals identisch fallen die Ringe und Ösen der anschmiegsamen Liebscher-Ketten aus. Inspiriert wurde die Künstlerin zu diesen Formen durch ihr Studium in Italien: Vicenza, Padua und Venedig. Lang und unbeirrbar spülen am Lido die Wogen an den Strand, schillernd, immer wieder ovale Schaumperlen bildend. Jede ein wenig anders, jede ein Unikat. Wie Aphrodite, die Schaumgeborene des Mythos. Großzügige Ketten unterstreichen die Persönlichkeit ihrer Trägerinnen. Geboren wurde die Idee zur Liebscher-Kette aus der Urform der Ankerkette, aus der sich später ihre eigene Form unterschiedlicher Ösenglieder entwickelte: kunstvoll und zugleich ein Ausdruck der Persönlichkeit. Mal rund, mal flach, mal schmal, mal opulenter öffnen und schließen sich die Ringe in Gold und Silber: dynamisch wie das Leben und seine Zyklen. Das Element findet sich auch in Ohrschmuck, Arm- und Fingerringen wieder. Zu bestimmten Promotion-Aktionen lässt Antje Liebscher auch anderen namhaften Designerinnen Raum, ihre Exponate vorzustellen.

Adresse Kutschergasse 8, 67346 Speyer, www.antje-liebscher.com | ÖPNV Busse 564, 565, 568, Station Maximilianstraße | Öffnungszeiten nach Vereinbarung Di–Fr 10–13 und 15–18 Uhr, Sa 10–13 Uhr | Tipp In der nahe gelegenen Antoniengasse, in der Weinstube »Elwedritsch« lassen sich Exemplare eines anderen mythischen Wesens bewundern.

92 Schramms Alte Rösterei

Kaffeegenuss in einer alten Rösthalle

Filterkaffee liegt voll im Trend, ob Softbrew oder Cold Drip. Je nach Brühart kann ein Kaffee sehr unterschiedlich schmecken. In Schramms Alter Kaffeerösterei im Industriehof kann man über 40 frisch geröstete Spezialitäten genießen, darunter Bio-Kaffees, hochwertige oder schonend entkoffeinierte Kaffees oder Kaffeeraritäten. Oder gleich für zu Hause kaufen, als Bohnen, frisch gemahlen oder sogar als aromaversiegelte Kaffeepads. Empfohlen sei beispielsweise die Industriehofmischung.

Die Rösterei und das Ladengeschäft mit Café in der Gilgenstraße gibt es seit 2005. Im Jahr 2021 eröffnete das Café im Industriehof, in der ehemaligen Rösthalle. Seither wird in einer größeren Halle in der Nähe geröstet. Neben Cappuccino, Flat White und Co. finden Liebhaber des Bohnentranks im Laden auch andere Versuchungen wie Schokolade (im Winter), Feingebäck oder Trinkschokolade und leckere Eissorten. Bei gutem Wetter genießen die Gäste draußen das unnachahmliche Flair des historischen Industriehofs.

Wie es sich für einen guten Röstbetrieb gehört, arbeitet Schramms mit nachhaltigen Projekten zusammen, die Kaffees werden direkt und fair gehandelt. In der Rösthalle finden Kurse statt: Wie entsteht Kaffee, wie wird er angebaut, geerntet und für den Export verarbeitet? Was hat es mit der Säure auf sich? Wie kann man Kaffeebohnen entkoffeinieren? So lässt sich der Weg von der Kaffeekirsche zum Lieblingsheißgetränk der Deutschen nachvollziehen. Natürlich gehören zum Kurs auch eine Verkostung, das sogenannte Cupping, und eine Röstvorführung. Andere Workshops bereiten Baristas und solche, die es werden wollen, auf den Einsatz an der Siebträgermaschine vor, inklusive dem Wissen um den richtigen Mahlgrad, die Dosierung und Schäumtechnik. Last but not least gehört auch die sachgerechte Reinigung der empfindlichen »Diven« unter den Kaffeeautomaten dazu.

Adresse Schramms Alte Rösterei e. K., Franz-Kirrmeier-Straße 19, Industriehof Halle 45/5, 67346 Speyer, www.schramms-kaffee.de | Anfahrt Speyer nördlich über die Franz-Kirrmeier-Straße verlassen, links in Industriehof einbiegen, an der 1. Kreuzung rechts zum Cafégarten | Öffnungszeiten Di–Sa 10–18 Uhr | Tipp Nach dem Kaffee ist vor dem Kaffee. Für eine besondere Mahlzeit schlendert man in den schräg gegenüber liegenden Hinterhof zu »Schmidts Deli« mit authentischen kanadischen Spezialitäten.

93_Die Schwerdstraße

Genialer Lehrer

Die Schwerdstraße ist die älteste Speyerer Ausfallstraße Richtung Südwesten. Sie erinnert an Friedrich Magnus Schwerd (1792–1871), einen Gymnasiallehrer, der Mathematik, Physik, Biologie, Latein und Griechisch am Domgymnasium lehrte, damals noch die »Königliche Studienanstalt Speyer«.

Neben seiner Lehrtätigkeit nahm Schwerd über Jahre Präzisionsmessungen an Tausenden Sternen vor. Sein 1828 veröffentlichtes mathematisches Lehrbuch soll auch noch 100 Jahre später in englischer Übersetzung in New York verwendet worden sein. 1830 trug Schwerd zu den Sternkarten der Königlich-Preußischen Akademie der Wissenschaften bei. Er war Mitglied der Bayerischen Akademie der Wissenschaften und entwickelte ein vereinfachtes Landvermessungsverfahren, das noch bis zu seiner Ablösung durch die Satellitentechnik benutzt worden sein soll. »Beweis, dass man mit einem geringen Aufwand an Zeit, Mühe und Kosten durch eine kleine, genau gemessene Linie die Grundlage einer großen Triangulation bestimmen kann« – so verspricht es der Untertitel seiner »Kleinen Basis«. Im Jahr 1860 verlieh der bayerische König Maximilian II. Friedrich Magnus Schwerd das Ritterkreuz Erster Klasse. Eines der Speyerer Gymnasien trägt heute seinen Namen. Schon kurz nach Schwerds Tod benannte man die alte Römerstraße nach ihm. Als Geschichtsinteressierter hätte er sich gefreut, dass bei Grabungen in ihrem Umfeld römische und germanische Gräber mit reichen Beigaben entdeckt wurden: Geschirr, Spielsteine, Schmuck oder Gürtel und Zwiebelknopffibeln.

Zum Wohnen wurde die Schwerdstraße erst Ende des 19. Jahrhunderts erschlossen; Gründerzeitvillen wie die für Gutsbesitzer Friedrich Merbel (Nummer 1) oder die Nummer 33 von 1905 für Bäckermeister Ernst Kreiselmeier, eine der stilreinsten Speyrer Jugendstilvillen, schmücken sie. Beim Gang durch die Straße lassen sich auch viele weitere Villen bewundern.

Adresse Schwerdstraße, 67346 Speyer | **ÖPNV** Busse 563, 572, 573, Station Gedächtniskirche | **Tipp** Welcher Lehrer erhält schon von seinen Schülern ein Denkmal? Schwerd schaffte auch das. Seine Gedenkbüste steht auf dem Domvorplatz.

94 Die Seminarkirche

1950er Jahre mit Geschmack

Das alte Germanstift vor den Stadttoren auf dem Germansberg bestand seit dem frühen Mittelalter. Reste einer Kirche aus dem 4. Jahrhundert und eines Klosters wurden dort gefunden. In den 1950er Jahren wurde dort das Priesterseminar des Bistums errichtet und 1957 die Seminarkirche Sankt German geweiht, als eine »zweite Mutterkirche des Bistums«. Der längs gerichtete Sakral- und der sechseckige Zentralraum werden von Licht durchflutet. Anstelle eines Turms wird die Kirche von der Dachspitze des Chorraumes überragt. Die noch original erhaltene Innengestaltung geht auf den Harthausener Künstler Werner Schreiner zurück. Die Glasfenster sowie der Deckenspiegel über dem Altar stammen von Wilhelm Braun. Aus einem Wettbewerb zur Neugestaltung des Altarbereichs ging das Konzept des Duttweiler Künstlers Bernhard Mathäss als Sieger hervor. Zurückhaltende wie ästhetische Stelen bilden eine offene Altarwand. Das Marienbildnis an der Schwelle vom Gemeinde- zum Altarbereich ist die Kopie einer Madonna aus dem 15. Jahrhundert. Seit 2018 schmückt eine Orgel aus dem Jahr 1890 den Kirchenraum, ein Werk des Orgelbauers Vowels aus Bristol.

Das Priesterseminar Sankt German ist Ausbildungsinstitut für alle pastoralen Berufe des Bistums Speyer: Priester, Diakone, Pastoral- und Gemeindereferenten. Von hier aus wird die gesamte Studienphase an Hochschulen außerhalb des Bistums begleitet. Die eigentliche Aufgabe des Hauses besteht in der Pastoralausbildung aller Berufe nach dem Studium. Dazu kommen auch die Priesterkandidaten aus dem Bistümern Bamberg, Eichstätt und Würzburg nach Speyer. Weiterhin dient das Haus als Pastoralseminar des Bistums und steht für Fort- und Weiterbildung, für die geistliche Begleitung, zu Tagungen und Konferenzen zur Verfügung. Die große theologische Bibliothek Sankt German steht als öffentliche Bibliothek allen Interessierten offen.

Adresse Am Germansberg 60, 67346 Speyer, www.sankt-german-speyer.de | ÖPNV Busse 562, 568, Station Else-Krieg-Straße, per Unterführung etwa 300 Meter zu Fuß | Öffnungszeiten Gemeindegottesdienst So 9.30 Uhr, im Sommer am Monatsende im Freien | Tipp In der Nähe ließen die Karmelitinnen 1985 einen Klosterneubau errichten. Dort wurden bei Grabungen byzantinische Münzen aus der Zeit des Kaisers Justinian (527–565) entdeckt.

95 Der Skulpturengarten

Ohh und Ahh im Hinterhof

Ein buntes Tor lädt in der Großen Sämergasse in einen scheinbar vergessenen Hinterhof ein. Der Blick fällt auf eine strenge, schmale Statue zwischen Sandsteinsäulen, eine große Halbbogenskulptur auf einer Stange oder auf eine scheinbar aus einem Comic entsprungene »Schwimmerin« mitten in der Luft vor einem Parkhaus: Willkommen im Skulpturengarten hinter dem Künstlerhaus des Künstlerbundes! Im Gegensatz zum Künstlerhaus selbst ist der Garten jederzeit zugänglich.

Der Künstlerbund Speyer e. V. wurde im Jahre 1984 als eine Vereinigung von bildenden Künstlern gegründet und gestaltet seither Ausstellungen und Kunstaktionen. Im Sommer 2022 war Anselm Feuerbach Thema einer übergreifenden Ausstellung mit dem Feuerbach-Haus zusammen. Sitz des Vereins ist das von der Stadt zur Verfügung gestellte Künstlerhaus in der Großen Sämergasse 1a, vom Skulpturengarten aus etwas weiter die Straße hinauf. Für die Sommermonate schreibt der Verein ein Arbeitsstipendium zugunsten von ausländischen Künstlern aus. Davon konnten bislang Künstler aus den Speyerer Partnerstädten Chartres, Ravenna, Kursk und Yavne profitieren. Auch Stipendiaten aus Japan, Polen, Spanien, Griechenland, Estland, Lettland, Österreich, Finnland, Peru, Portugal, Georgien, Südkorea, USA, China, England und der Schweiz weilten bereits im Künstlerhaus mit seinen beiden Ausstellungsräumen um den Innenhof, Küche, Bad und Schlafzimmer.

Legendär waren Projekte des Künstlerbunds wie der »Kunstkeller« in historischen Kellern der Stadt, die sonst nicht zugänglich sind. Die Aktion »Hochseilromantik« führte hingegen in waghalsige Höhen über einige Gassen der Innenstadt. Ein deutsch-israelisches Projekt trug den Namen »MEGILLA«. Große Bekanntheit erlangte das Projekt »Gryn«, von dem bis heute überall in der Stadt bepflanzte Objekte und neu geschaffene »Gryn«-Flächen geblieben sind (siehe Ort 48).

Adresse Große Sämergasse, 67346 Speyer | ÖPNV Busse 564, 565, 568, Station Maximilianstraße | Öffnungszeiten jederzeit | Tipp Werke Speyerer Künstler werden auch in der »Galerie Kulturraum« in der Maximilianstraße 99 ausgestellt (Mi–Fr 14–18 Uhr, Sa 11–17, So 14–17 Uhr), etwa die Kopf-Skulpturen von »La IBS« (Irmgard Böhmer-Saal).

96 Der Speyerbach

Ein unterirdisches Venedig

Niemand wüsste mehr Speyerer Geschichten zu erzählen als der Speyerbach (Foto: Mündungsbereich) – angefangen damit, dass er der Stadt ihren heutigen Namen gab. Er entspringt in den hohen Lagen des Pfälzerwalds als Erlenbach und mündet nach 60 Kilometern bei Rheinkilometer 400,3 am alten Speyerer Hafen in den Rhein. Mit drei Kubikmetern pro Sekunde ist er das stärkste Fließgewässer der Vorderpfalz. Bei Hanhofen teilt er sich. Ein Arm heißt ab dort Woog und mündet am Holzmarkt wieder zurück in den Speyerbach, wo er heute unterirdisch verläuft. Für Verwirrung um die Speyerer Gewässer sorgt ihre Namensvielfalt. Streckenweise ist vom Nonnenbach die Rede. Im Stadtzentrum um die Maximilianstraße herum verläuft der Speyerbach unterirdisch in Rohren – vielen als Gießhübelbach geläufig. Sichtbar wird er an einem Niedergang hinter der Weinstube »Rabennest« auf Höhe des Klosterhofs.

Über Jahrhunderte waren die Wasserläufe Lebensadern für Speyer. Über das Gewässer wurden schwere Lasten und Baumaterial vom Rhein in die Stadt verschifft. Speyer besaß das Stapelrecht. Waren, die über den Rhein ankamen, wurden über die Bachläufe bis zum Holz- und zum Fischmarkt transportiert und dort zum Verkauf angeboten. Andererseits war es im Mittelalter auch gang und gäbe, Unrat über das Fließgewässer und somit in den Rhein zu entsorgen. So landeten Schlachtabfälle im Wasser. Weil es so praktisch war, wurde häufig sogar direkt auf einer Brücke über den Bach (zum Beispiel auf der Sonnenbrücke) oder am Ufer geschlachtet und sofort alles nicht Verwertbare ins Wasser gekehrt: Därme, Innereien, Blut. Ungewollte Babys landeten ebenso im Bach wie aller möglicher Unrat. Glücklich war die Stadt zu preisen, die über ein so fließstarkes Gewässer verfügte!

Ab dem Marktplatz fließt der Speyerbach unter den Häusern der Salzgasse hindurch. Viele Mühlen wurden von ihm betrieben, manche sogar 700 Jahre lang.

Adresse unterirdischer Verlauf: Ecke Kindergässchen/Ledergässchen, 67346 Speyer | ÖPNV Busse 564, 565, 568, Station Maximilianstraße | Tipp Vom Niedergang zum unterirdischen Speyerbach aus wird das Münzgässchen sichtbar, die schmalste aller Speyerer Gassen, die schon seit dem 13. Jahrhundert zur Münze führte.

97 Das Stadtarchiv

Wo Privilegien sicher verwahrt sind

Das Stadtarchiv Speyer ist das älteste kommunale Archiv der Pfalz und eines der ältesten Ämter der Stadt. Das früheste im Archiv verwahrte Dokument ist die Urkunde des Kaisers Friedrich I. Barbarossa von 1182, in der die von Kaiser Heinrich V. der Stadt Speyer im Jahre 1111 verliehenen Privilegien bestätigt und erweitert wurden.

Für eine alte Reichsstadt war die Aufbewahrung solcher Dokumente wichtig. Bereits im Mittelalter wurde festgelegt, dass städtische Urkunden in besonderen Laden verwahrt werden sollten. Noch aus dem Jahr 1579 ist ein Verzeichnis der Archivbestände, das sogenannte Repertorium, erhalten. Obwohl das Archiv beim Stadtbrand 1689 Verluste erlitt, zählt es dank seiner reichsstädtischen Überlieferung zu den bedeutenderen deutschen Kommunalarchiven. Aus dem 18. Jahrhundert stammt eine rote Truhe, in der Privilegien wie die Urkunden der Kaiser und Könige damals sicher lagerten.

Seit 1726 war das Stadtarchiv im damaligen Rathaus untergebracht. Der Archivraum samt Wandschränken ist dort noch erhalten. Heute finden in diesem historischen Raum standesamtliche Trauungen statt. Seit 1892 wurde das Stadtarchiv von Archivaren des bayerischen Kreisarchivs beziehungsweise des Staatsarchivs (heute Landesarchiv Speyer) mitbetreut. So leitete Albert Pfeiffer, Verfasser einer Geschichte des Archivs aus dem Jahr 1912, bis 1948 auch das Stadtarchiv.

Mehrmals wechselten die Speyerer Archive ihren Standort. Dort, wo sich heute das Stadtarchiv befindet, war bis 1987 die Pfälzische Landesbibliothek untergebracht. Letztere zog in einen Neubau neben dem Uni-Campus (siehe Ort 21). Das Stadtarchiv befindet sich seit 1995 in einem Jugendstilbau, der ursprünglich dem Zigarrenfabrikanten Wellensiek als Wohn- und Verwaltungsgebäude diente. Hier verfügt es über Magazinkapazitäten, Büroräume und einen Lesesaal.

Adresse Johannesstraße 22a, 67346 Speyer | ÖPNV Busse 564, 565, 568, Station Wormser Straße | Öffnungszeiten Di–Do 9–12 und 13–16 Uhr oder nach Voranmeldung | Tipp In der Johannesstraße, im Volksmund auch als »Bräät Strooß« (Breite Straße) bekannt, wechselten einige Gebäude ihre Nutzung. So war das heutige Finanzamt (gegenüber dem Archiv) früher ein Gerichtsgebäude.

98 Der Stadthaus-Imker

Der Traum vom verdienten Ruhestand

Wo sich früher das »Trutzpfaff«-Gebäude erhob, steht heute das neubarocke Stadthaus, Auge in Auge mit dem Dom. Seit 1960 ist es Sitz der Stadtverwaltung und der Oberbürgermeister. Mit seinen allegorischen Fassadenfiguren bezeugt es solidarischen Geist: Imker, Landwirt, Akademiker und Industriearbeiter sind neben einem friedlichen Lebensabend dargestellt. Der Gedanke einer Versorgung von Invaliden und alten Menschen gewann erst Ende des 19. Jahrhunderts konkrete Züge, 1891 wurde die Rentenversicherung für die Pfalz gegründet. Zunächst war sie im »Hof zum großen Senfgarten« untergebracht, benötigte aber schon bald mehr Platz. Das Freysche Anwesen beziehungsweise »Trutzpfaff« wurde abgerissen und 1903 durch einen von Franz Schöberl entworfenen Neubau ersetzt. Im Jahr 1907 wurde er mit einem der ersten Telefone Speyers ausgestattet. Von hier aus wurden bis 1955 Rentenbescheide erteilt und Versicherungsbelange entschieden.

Bis 1914 wurden die alte Domdechanei und das Domschulhaus hinzugekauft. Auf alten Fotos ist die Verbindungsbrücke von diesen Gebäuden zum Stadthaus zu sehen. Die vielen Verstorbenen und Verwundeten des Ersten Weltkriegs stellten die Beschäftigten vor enorme Aufgaben. Zudem wurde das Gebäude durch die französische Besatzungsmacht requiriert; nur wenige Räume blieben für die Arbeit der 50 Beamten und 40 Angestellten verfügbar. Noch bis 1956 blieb das Gebäude teilweise durch die französische Militärverwaltung besetzt. Derweil wuchs die Mitarbeiterzahl auf über 1.000. Erst im Jahr 1960, mit dem Umzug der Versicherungsanstalt in ihr neues Hochhaus, ging das Stadthaus an die Stadtverwaltung.

Bis heute ist Speyer Sitz der Hauptverwaltung und der größte Standort der Deutschen Rentenversicherung. Heute treten alle Träger unter dem gemeinsamen Namen »Deutsche Rentenversicherung« auf. Der Imker auf dem Stadthaus kann sich zurücklehnen.

Adresse Maximilianstraße 100, 67346 Speyer | ÖPNV Busse 564, 565, 568, Station Dom/Stadthaus | Tipp Mittlerweile gehört auch das Hochhaus der Rentenversicherung zum Stadtbild. Die Verwaltungsexpertise empfahl Speyer als Standort für die einzige deutsche Universität für Verwaltungswissenschaften (siehe Ort 21).

99 Die Stauferstele

Kaiserliche Ehrung für den Museumsgründer

Im nördlichen Domgarten, auf Höhe der Afra-Kapelle, gemahnt eine achteckige Säule an die Stauferkaiser. Ihre Form erinnert an das Stauferkastell del Monte in Apulien. Sie wurde von Luise Layher gestiftet, deren Vater Eberhard im Jahr 1990 das Technikmuseum begründete. Der erfolgreiche Stuttgarter Produzent von Leitergerüsten hatte zuvor bereits das Technikmuseum in Sinsheim aufgebaut. Nach dem Tod des Vaters wurde sein Sohn Hermann Layher 2013 Präsident der Technikmuseen. 2018 wurde die Stauferstele zu Ehren von Vater Eberhard eingeweiht.

Die erste dieser Stelen war im Jahr 2000 zum 750. Todestag des letzten Stauferkaisers Friedrich II. beim Castel Fiorentino in Italien eingeweiht worden. In den nächsten Jahren entstanden weitere, sowohl in Deutschland, Frankreich, Österreich und Tschechien als auch in den Niederlanden. Bildhauer ist Markus Wolf aus Stuttgart-Plieningen, finanziert werden die Stelen von Stiftern.

Speyer und die Staufer – das lässt an die Predigt des charismatischen Bernhard von Clairvaux denken, der auf dem Weihnachtshoftag 1146 zum Zweiten Kreuzzug aufrief. König Konrad III. verpflichtete sich gemeinsam mit seinem Neffen Friedrich, dem späteren Kaiser Friedrich I. Barbarossa, zur Kreuzzugsteilnahme. Bekanntlich kam Letzterer bei diesem Unterfangen in Kleinasien ums Leben. Zweifellos wäre es sein Wunsch gewesen, bei seinen Vorgängern im Kaiserdom bestattet zu werden. Schließlich war auch Kaiserin Beatrix, Ehefrau Barbarossas, sowie ihre Tochter Agnes in der Kaisergruft in Speyer beigesetzt worden. Die Stele erinnert an 66 Aufenthalte von Stauferherrschern in Speyer, von König Konrad III. bis zu Kaiser Friedrich II. und seinem Sohn König Heinrich VII. Allein 50 Hoftage fanden in Speyer statt. Es geschah auch in Speyer, dass Kaiser Heinrich VI. seinen königlichen Gefangenen Richard Löwenherz freiließ – gegen ein sagenhaftes Lösegeld.

Adresse Domgarten, 67346 Speyer | ÖPNV Busse 564, 565, 568, Station Domplatz | Tipp Kaiserlichen Glanz gibt es auch auf den Fresken von Johann von Schraudolph zu bewundern, die im 19. Jahrhundert für den Dom angefertigt und im 20. wieder entfernt wurden. Einige sind aber noch im Kaisersaal im »ersten Stock« des Doms zu sehen.

100 Die Stuhlbrudergasse

Kaisergebet als Lebensaufgabe

Der Straßenname klingt eigenartig. Noch merkwürdiger ist die Geschichte seiner Namensgeber, eine Laiengesellschaft mit der Aufgabe, für das Seelenheil der im Dom bestatteten Kaiser zu beten: siebenmal am Tag, insgesamt je 200 Vaterunser und Ave Maria. Solche Memorialdienste von Laien sind aus Bamberg oder der Westminster Abbey bekannt, Vorbilder soll es auch in Byzanz gegeben haben. Anlass dazu gab möglicherweise die Sohnesreue eines Kaisers. Heinrich V. soll anlässlich der Beisetzung seines jahrelang exkommunizierten Vaters, Heinrichs IV., den er selbst absetzen lassen hatte, die Speyerer Bürger aufgefordert haben, für das väterliche Seelenheil zu beten. Ab 1212 ist eine Bruderschaft von zwölf Mitgliedern bezeugt. Die Seelenheilbeter lebten in Armut, ihr Unterhalt wurde von den Gütern eines Stifters, vor allem in Mutterstadt, bestritten. Auch ein paar Stuhlschwestern hat es gegeben.

Nicht zuletzt dank der kontinuierlichen Präsenz der Stuhlbrüder bewahrte sich der Kaiserdom seine spirituelle Anziehungskraft über sechs Jahrhunderte. Rechts und links der mittelalterlichen Kaisergräber im heutigen Volkschor standen ihre Betstühle. Stuhlbruder Aegidius Graff soll gemeinsam mit dem bischöflichen Statthalter das Speyerer Gnadenbild Mariens unter Lebensgefahr vor dem Stadtbrand von 1689 gerettet haben. Im 18. Jahrhundert versahen nur noch vier Brüder den Dienst, der auch das Richten der Messgewänder und Altäre sowie Messdienste umfasste. Sie trugen Bart und schwarze Kutten. Die Brüder durften verheiratet sein, aber nach dem Tod ihrer Frau kein zweites Mal heiraten. Unter ihnen waren Bürgerliche wie Adlige. Sie mussten mindestens 24 Jahre alt und von untadeligem Ruf sein. Mit der Säkularisierung von 1803 wurde die Bruderschaft aufgelöst. Geblieben ist die Straße, in der jedem Bruder samt Familie ein Häuschen zustand. Sie werden heute noch bewohnt.

Adresse Stuhlbrudergasse 2, 67346 Speyer | **ÖPNV** Busse 564, 565, 568, Station Dom/Stadthaus | **Tipp** In der nahen Pistoreigasse gibt es ein weiteres Rätsel: »A. Merckel« und ein Pferdekopf an einem Hofeingang weisen auf einen alten Schmiedehof in Familienbesitz hin, der zu Festen einst seine Tore öffnete.

101 Der Turm zum Handwerker

Solidarität in Stein

Fast nichts ist so lokal verwurzelt wie das deutsche Handwerk. Einer der ältesten erhaltenen Zunftbriefe stammt aus dem Speyer des 14. Jahrhunderts. Damals hatte die Stadt 17 Zünfte. 1996 waren es noch sieben Innungen, und heute gibt es nur die Innung der Schlosser und Metallbauer. Noch in den 1990er Jahren trafen sich Obermeister und Lehrlingswarte der Innungen monatlich im Handwerkerturm.

Der denkmalgeschützte Handwerkerturm auf dem ehemaligen Haidschen Anwesen, 1996 eingeweiht, steht für Gemeinschaftssinn unter den Speyerer Handwerkern. Er dokumentiert die Bedeutung des Handwerks für die Stadt. Turm und Außengelände gehören der Stadt und werden vom Verein Speyerer Handwerkstradition angemietet, in dem derzeit 43 Betriebe und Privatleute zusammengeschlossen sind. Für die Renovierung arbeiteten die beteiligten Gewerke ehrenamtlich zusammen. Mittlerweile ist es guter Brauch im Verein, den Turm – der auch als »Badehaus« bekannt ist – in der Kult(o)urnacht für Ausstellungen und kleine Events für das Publikum zu öffnen.

Es ist auch der Verein Speyerer Handwerkstradition, der seit 1982 am Samstag vor dem 1. Mai den großen Zunftbaum vor der Alten Münze aufrichtet. Der 18 Meter hohe Lärchenholzstamm repräsentiert gute Handwerkstradition. Er trägt 29 Zunft- und elf Ortswappen. Aus der »Zunftbaumgemeinschaft« ging der heutige Handwerksverein hervor. Zu den Mitgliedsbetrieben gehören Zimmerer, Dachdecker, Fensterbauer, Glaser, Fliesenleger, Maurer, Elektriker, aber auch Stahlbauer, Gebäudereiniger, Steinmetze, Maler, Drucker, Schornsteinfeger und Kosmetikerinnen. Zur Errichtung gibt es jedes Jahr ein kleines Fest mit Festzug. Der Mast bleibt nach dem Fest stehen, eine Visitenkarte besonderer Art. Leider hat sich am viel beklagten Nachwuchsmangel vieler Gewerke bisher wenig geändert.

Adresse Mühlturmstraße 50, 67346 Speyer, www.handwerkstradition-speyer.de | **ÖPNV** Busse 561, 562, 563, 568, Station Stadthalle | **Öffnungszeiten** zur Kult(o)urnacht oder auf Anfrage, info@handwerkstradition-speyer.de | **Tipp** Gegenüber dem Zunftbaum steht die Alte Münze. Die Münzer waren zunächst bischöfliche Beamte, doch 1349 mussten sie sich unter die anderen Handwerkszünfte einreihen, als eine Zunft von vielen.

102 Das Vereinsheim

Eckiger Fußball

Bedeutet Fußball nicht, man müsse »das Runde ins Eckige« bringen? Nun, das Vereinsheim des FC Speyer 09 hält für Gäste einen vieleckigen Fußball bereit, unter dem es sich gut sitzen lässt. Der eigentlich noch junge Fußballclub blickt dennoch auf eine lange Geschichte zurück. Neben dem Helmut-Bantz-Stadion verfügt er über drei Sportplätze mit Naturrasen sowie über zwei Plätze mit Kunstrasen. Im Vereinsheim am Sportpark samt Biergarten kann man bei deutsch-kroatischer Küche spannenden Spielen zusehen.

Einer der Vereine, aus denen der heutige FC hervorging, der FV Speyer, die Fußballabteilung des »Turnvereins 1847 Speyer«, wurde 1919 gegründet. 1938 vereinigte man sich mit dem TV 1861 zum VfL 1847. Dieser wurde 1943 Meister der Bezirksklasse Rheinpfalz. 1946 wurde der FV Speyer neu gegründet, 1952 kam der Aufstieg in die Oberliga Südwest. Zunächst trainierte man hinter der Jugendherberge, musste aber dem neuen Freibad weichen und in Zukunft auf dem Bruchgelände am Nonnenbach trainieren. 1964 führte Trainer Fritz Braun die Mannschaft vom Nonnenbach zum Aufstieg in die A-Klasse. Zum zwanzigjährigen Vereinsjubiläum 1970 gab Bundestrainer Sepp Herberger den Anstoß zum »Brezelfestspiel«. Auch der damalige Oberbürgermeister Dr. Christian Roßkopf spielte mit. 1986 wurde der ehemalige Bundesliga-Profi Rudi Bast neuer Trainer der Speyerer und holte 1992 den Kreispokal. Zum fünfzigjährigen Vereinsjubiläum im Jahr 2000 war Uwe Seeler zu Gast. Erst im Jahr 2009 schlossen sich der FV Speyer 1919 e. V. und der VfR Speyer 1950 e. V. zum FC Speyer 09 e. V. zusammen. 2013 trat der frühere, seit 1932 bestehende Post-Sportverein Schwarz-Weiß Speyer dem Verein bei.

Die Jugendarbeit wird sehr ernst genommen. Für Fußball-affine Kinder mit oder ohne Mitgliedschaft bietet der Verein Feriencamps als spielerischen Einstieg an.

Adresse Vereinsheim des FC Speyer 09, Raiffeisenstraße 11, 67346 Speyer, www.fcspeyer09.de | ÖPNV Bus 566, Station Salierschule | Öffnungszeiten Vereinsgaststätte Di–Fr 11.30–14.30 und ab 17 Uhr, Sa 11–22 und So 11–20 Uhr warme Küche | Tipp Nicht weit von den Fußballfeldern können Jung und Alt Spaß an Bewegung völlig anderer Art haben: auf der »alla hopp!«-Anlage, einer von 19 Anlagen ihrer Art, gestiftet von SAP-Mitgründer Dietmar Hopp.

103 Die Villa Ecarius

Die »rote Villa«

Ziegeleien brachten ihre Betreiber zu Wohlstand. Der Ziegeleibesitzer Georg Grund ließ in den Jahren 1889–92 eine herrschaftliche Doppelvilla für seine Familie errichten, damals die größte Villa Speyers. Seine beiden Töchter Frederike und Christiane sowie deren Ehemänner Franz Kirrmeier und Herrmann Kaiser sollten hier einziehen. Kirrmeier betrieb seinerseits eine Ziegelei. In dem hochherrschaftlichen Haus residierte 1918 ein französischer General, bis es in den Besitz des Fabrikanten Fritz Ecarius gelangte, der mit einer der Töchter der Kirrmeiers verheiratet war. Damit erlangte die »Villa Kirrmeier Ecarius« den zweiten Teil ihres Namens. 1945 besetzten Franzosen das Haus. Familie Ecarius musste es verlassen und kehrte nicht mehr zurück.

Nachdem auch die Franzosen das Haus verlassen hatten, zog das Sozialgericht ein, später erwarb es eine Baufirma. Diese plante den Abriss und die Errichtung eines großen Apartmenthauses. Derweil zerfiel das Gebäude zunehmend, der Park begann zu verwildern. 1972 erfolgte die Abbruchgenehmigung durch die Stadt. Dagegen wehrten sich die Speyerer. Eine Bürgerinitiative gründete sich, Leserbriefe in der lokalen Presse traten für den Erhalt der Villa ein. Nachdem die Baufirma Konkurs anmelden musste, kam die Villa in die Konkursmasse des Geldgebers, der Kreis- und Stadtsparkasse Speyer.

Nun sollte ein Architektenwettbewerb über die weitere Nutzung entscheiden. Wieder schien alles auf einen Abriss hinauszulaufen. Doch der Druck der Öffentlichkeit führte 1977 dazu, dass der Stadtrat Untersuchungen über die Sanierbarkeit anstellte. Die Villa wurde von der Stadt erworben. Nach Renovierung und Sanierung zogen 1980 die Weiterbildungseinrichtungen der Stadt Speyer ein: Volkshochschule, Musikschule und Stadtbücherei. Es ergibt Sinn, dass nun die Bürger das Gebäude nutzen können, deren Einsatz letztlich seine Rettung zu verdanken ist.

Adresse Bahnhofstraße 54, 67346 Speyer | ÖPNV Busse 564, 565, 568, Station Hirschgraben | Öffnungszeiten Stadtbibliothek Di und Do 11–18 Uhr, Mi und Fr 11–17 Uhr | Tipp In einer Querstraße, der Mühlturmstraße 5, liegt das Traditionsgasthaus »Alter Engel« in einem sehenswerten Hof mit Gewölbekeller, Sälen und Garten. Hier lässt es sich gut einkehren.

104 Das Wappen der Bauleute

Wie die Herren, so das Volk

Wappen waren nicht nur Königen und Adelsfamilien vorbehalten. Auch bürgerliche Akteure wie die Zünfte besaßen eigene Wappen. Mehr oder weniger weiterentwickelt, zieren solche Zunftwappen heute noch den jährlichen Maibaum. Ein besonders auffälliges prangt in der Kleinen Pfaffengasse zum Ruhme der Bauleute. Wer aufmerksam durch die Speyerer Altstadt schlendert, entdeckt eine Vielzahl unterschiedlicher Wappen über Türen und Toren: bischöfliche, fürstliche und eben auch bürgerliche.

In den Zünften begann man schon im 13. Jahrhundert, eigene Wappen zu gestalten und in den Zunfthäusern und Zunftstuben anzubringen. Mancherorts sind auch »Meisterkronen« oder Zunftschätze überliefert, mit denen Besucher beeindruckt werden sollten. Auch diese spiegeln die feudal-königliche Gesellschaftsordnung des Mittelalters wider. Den Farben und Symbolen auf Wappen kommt spezielle Bedeutung zu. Weiß stand oft für Redlichkeit, Gelb für Sold oder Bezahlung, Rot für »Blut, Schweiß und Tränen«, die mit der Tätigkeit einhergehen. Oft wurde spezifisches Werkzeug im Zunftzeichen symbolisiert. Es gab einfache Zeichen wie die Brezel für Bäcker. Manche Zünfte bildeten aber auch ihren Schutzheiligen ab. In protestantischen Gegenden tauchen statt eines Heiligen Figuren aus der antiken Mythologie auf. Auch Menschen, die des Lesens nicht kundig waren, sollten die Zeichen auf den Wappen deuten können. In abgewandelter Form haben es manche Zunftwappen sogar in heutige Logos geschafft. Noch lange nach der Auflösung der Zünfte wurden Wappen für neue Gewerke erdacht, etwa für Elektriker oder das Kfz-Gewerbe.

Bürgerliche Baumeister haben sich übrigens auch in Signaturen an historischen Bauten verewigt, den sogenannten Steinmetzzeichen. Heute helfen solche Zeichen den Bauforschern dabei zu ermitteln, wie die Steinmetze auf Großbaustellen wie etwa am Dom arbeiteten.

Adresse Kleine Pfaffengasse 10, 67346 Speyer | **ÖPNV** Busse 564, 565, 568, Station Dom/ Stadthaus | **Tipp** Besonders viele Wappen sind in der Johannesstraße zu sehen.

105 Das Wasserturmviertel

Einstmals modern, heute nostalgisch

Wohnungsnot war nach den Umwälzungen des Ersten Weltkriegs ein prekäres Problem. Während der Weimarer Republik setzte eine intensive Bautätigkeit für das ein, was heute als »sozialer Wohnungsbau« bezeichnet wird. Viele Wohnprojekte waren für die damalige Zeit sehr modern und boten den Mietern beispielsweise den Luxus einer Toilette und eines Bads in den eigenen vier Wänden statt auf dem Stockwerksflur, was alles andere als selbstverständlich war. Heute sind Wohnungsbauprojekte wie das Viertel um den Wasserturm in Speyer denkmalgeschützt. Für die Bewohner kann dies unter Umständen Abstriche beim Wohnkomfort bedeuten.

Die Einfamilien-Reihenhäuser um den sehenswerten Wasserturm von 1883 prägen das Straßenbild in der Denkmalzone Am Wasserturm 2–54 und Langensteinweg 23–27. Der Wasserturm wurde nach Plänen von Adolf Friedrich Lindemann errichtet, die Siedlung in den frühen 20er Jahren des 20. Jahrhunderts für Postbedienstete geplant. Architekt war Postbaurat Heinrich Müller. Es handelt sich um Walmdachbauten, die in gleichmäßiger Höhe mit schlichten Elementen gestaltet wurden. Viele verfügen über Vorgärten. Es gibt Doppelhäuser und lang gestreckte Häuserzeilen. Eine strenge Symmetrie über beide Straßenseiten hinweg wurde vermieden. Im Vergleich zur überladenen, bürgerlichen Vorkriegsbautätigkeit erscheinen die einfachen Grundrisse, die schmucklosen Fassaden und die kleinen Zimmer mit niedrigen Decken im Inneren geradezu asketisch.

Um den Wasserturm erweitert sich die Wasserturmstraße zu einem kleinen Platz. Dass die Bebauung bis heute in ihrem originalen städtebaulichen Zusammenhang erhalten ist, hat angesichts der nachfolgenden Kriegs- und Neubauphasen in Deutschland Seltenheitswert. Mehr und mehr rückt ins Bewusstsein, dass diese alten Wohnprojekte Denkmäler sind – und damit auch Ziel historischer Stadtrundgänge.

Adresse Am Wasserturm, 67346 Speyer | ÖPNV Busse 561, 562, 563, Station Dudenhofer Straße | Tipp In der nahen Edith-Stein-Anlage erinnert ein Spielplatz an das früher hier verkehrende »Pfefferminzbähnel« (siehe Ort 3).

106 Das Weinmuseum

Der älteste Wein der Welt

Das Weinmuseum, Teil des Historischen Museums der Pfalz, war 1910 das weltweit erste öffentlich zugängliche seiner Art. Neben mehreren historischen Weinpressen, großen Fässern, Abfüllanlagen und Fassriegeln wird auch der Wein in der Kunst zum Thema. Der von Otto Hupp kunstvoll ausgemalte Wappenraum erinnert an die historisierende Ausschmückung Hupps im Wormser Reichsstädtischen Archiv. Seit über 100 Jahren ist eine gigantische, über 30 Tonnen schwere Baumkelter von 1727 im Weinmuseum zu bewundern.

Am spektakulärsten ist jedoch eine Flasche Römerwein aus dem Jahr 325 nach Christus, die im Jahr 1867 unversehrt in einem römischen Grab in Speyer entdeckt wurde. Sie wird im Wappensaal ausgestellt und gilt als ältester flüssiger Rebenwein der Welt. Noch ältere Weinreste (um 5000 v. Chr.) aus Georgien und dem Irak sind nur noch als getrockneter Trester erhalten. Seinen Alkoholanteil hat der Pfälzer Römerwein wohl verloren. Die gute Konservierung wird auf beigemengtes Olivenöl, Gewürze, Zusätze aus Harzen und Wachs zurückgeführt. Öl und Wachs bildeten einen luftdichten Pfropf und bewahrten den Wein vor dem Verdunsten. Eine Gaumenfreude wird er kaum noch sein.

Das Museum gehört mit jährlich über 200.000 Besuchern und einer Million Exponaten zu den bedeutendsten historischen Museen Deutschlands. Erste Funde wurden ab 1826 in der Antikenhalle am Dom ausgestellt. 1869 wurden die Sammlungen des Historischen Vereins der Pfalz, des Rheinkreises, der Pfalz (Bayern) und der Stadt Speyer zum Grundstock der Sammlung auf dem Areal des früheren Augustinerklosters. Später zogen sie ins neu errichtete Realgymnasium um. Als auch hier der Platz knapp wurde, ließ die Stadt auf dem Areal einer ehemaligen Kaserne das heutige Gebäude am Domplatz errichten. Dem Bau liegen Pläne von Gabriel von Seidl zugrunde. 1910 wurde der Bau und das Weinmuseum eingeweiht.

Adresse Domplatz, 67346 Speyer, zum Weinmuseum geht's im Historischen Museum der Pfalz über den Hof des »Café Forum im Museum« | ÖPNV Busse 564, 565, 568, Station Domplatz | Öffnungszeiten Di–So 10–18 Uhr | Tipp Im »Café Forum im Museum« genießt man das Lebensgefühl einer italienischen Piazza – und sitzt stets im Trockenen.

107 Der Wilhelmsbau

Wohliges Gruseln

Neugierige Besucher entdecken auf dem Gelände des Technikmuseums auch den Wilhelmsbau, seit dem Jahr 2000 ein Museum im Museum. Der Eintritt hierfür ist in einem Kombiticket enthalten. Die ganze Ambivalenz der Kaiserherrlichkeit zeigt sich in der Architektur eines Albert Friedrich Speer, dem Vater des späteren NS-Architekten Albert Speer. Drinnen finden Liebhaber der Mechanik kuriose Blasorchester, die automatisch Märsche oder Tanzmusik in raumfüllender Lautstärke produzieren. Eine Münze eingeworfen, und schon eiern Riemen über Räder, greifen Zahnräder ineinander, ein überdimensionierter Blasebalg füllt sich bedeutsam. Mit »Tschingdarassabumm« spielt eine Blaskapelle, werden Geigen und Mandolinen gezupft, heben und senken sich die Tasten eines Pianos wie von Geisterhand. Eine stattliche Sammlung solcher Orchesterautomaten wartet im Erdgeschoss auf, nicht alle sind noch voll funktionsfähig.

Weiter geht es im Raritätenkabinett: Spielzeug, Puppen mit Kleidung aus der guten alten Zeit, »gute Stuben« und Safaritrophäen aus Kolonialzeiten bevölkern die Räume. Mitunter gruselig wirkt es, bewegt man sich zwischen all den Spielsachen aus Uromas Jugend. Frivole Tänzerinnen neben verblichener Ballrobe, Plakaten von Mae West und Sex-Idolen der 1920er Jahre, dazwischen schwülstige Interieurs sind die Meilensteine auf dieser Wanderung durch die Träume einer untergegangenen Welt. Fast übersieht man dabei den Raum mit den hundehüttengroßen Kontorbüchern aus den Zeiten, in denen der Wilhelmsbau noch die Verwaltung der »Pfalz Flugzeugwerke« beherbergte, der ältesten deutschen Flugzeugbau-Industrie. Man wandelt durch die Décadence eines adelsverliebten Lebensstils, der von zwei Weltkriegen zu Pulver gebombt wurde. Und urplötzlich stößt man in all dem bunten Sammelsurium auf eine Reminiszenz an jüngere Zeiten: Else Klings originale Kulissenküche für die »Lindenstraße«!

Adresse Am Technik Museum 1, 67346 Speyer | **ÖPNV** Busse 564, 565, Station Technik-Museum | **Öffnungszeiten** Mo–So 10–18 Uhr | **Tipp** Direkt hinter dem Wilhelmsbau befindet sich ein Wohnmobilstellplatz. Auf dem Gelände des Technikmuseums finden Erlebnisführungen, Treffen für Autofans, Modellbautage oder Konzerte statt.

108 Die Winkeldruckerey

Von der Inkunabel zum Druckseminar

Um an die Tradition des Druckerhandwerks anzuknüpfen, besteht seit dem Jahr 2001 im Kulturhof Flachsgasse die Winkeldruckerey. In Präsentationen und Druckerei-Workshops widmet man sich hier dem Handpressendruck und der experimentellen Typografie. Die technische Ausstattung der Druckerei stammt von der letzten Speyerer Bleisatzdruckerei, der Firma Lindacher. Sie umfasst unter anderem einen Heidelberger Tiegel, eine Korrex Stuttgart sowie umfangreiche Setzmaterialien. Von September bis April arbeiten am letzten Monatswochenende renommierte Handpressendrucker an Buchkunst, Illustrationen, Linol- oder Holzschnitten. Diese Workshops, bei denen Gäste den Künstlern über die Schulter schauen können, erfolgen in Zusammenarbeit mit der städtischen Kulturabteilung. Die Werkstatt wird von Schriftsetzer Franz Schindler und Drucker Karl Herbel betreut. In einem Typographischen Kabinett im Kulturhof Flachsgasse werden die Drucke oder auch besondere Blätter anschließend ausgestellt.

In Speyer wurde bereits in der frühen Neuzeit viel gedruckt. Neben erbaulichen Schriften leider auch der Hexenhammer, »malleus maleficarum«, verfasst vom Inquisitor Heinrich Kramer im Jahre 1486. Ein verhängnisvolles Werk, das schon bald 29 neue Auflagen erlebte. Es kann als die legitimierende Grundlage für die Hexenverfolgungen der frühen Neuzeit gelten, ein Hilfsmittel in Hexenprozessen. Im Gegensatz zu früheren Traktaten ist darin von männlichen Hexern fast keine Rede mehr. Der damalige Drucker Peter Drach der Mittlere (1450–1504) war Mitglied einer renommierten Druckerfamilie und eigentlich als Inkunabeldrucker bekannt. Sein gleichnamiger Vater hatte 1471 die erste Speyerer Druckerei gegründet. Dessen gleichnamiger Enkel war Ratsmitglied, Rechen- und Baumeister sowie »Bewahrer der Schlüssel zu des Raths Kisten«. Mit ihm ging die Drachsche Druckerdynastie zu Ende.

Adresse Maximilianstraße 13, 67346 Speyer | ÖPNV Busse 564, 565, 568, Station Dom/ Stadthaus | Öffnungszeiten an Druckwochenenden Sa und So 11–18 Uhr, siehe www.speyer.de | Tipp Die Pfälzische Landesbibliothek besitzt 90 historische Inkunabeln, die in Speyer gedruckt wurden.

109 Der Wittelsbacher Hof

Schauplatz eines blutigen Polit-Attentats

Im Speisesaal der Gaststätte »Wittelsbacher Hof« wurde am 9. Januar 1924 der Präsident der separatistischen »Autonomen Pfalz«, Heinz Orbis, ermordet. Eine Gedenkplakette an der Gebäudefront erinnert daran. Im Speisesaal hat derweil das ausgezeichnete Restaurant »AvantGarthe« Quartier bezogen, im Sommer speist man hier im lauschigen Gebäudehof.

Ursprünglich gehörte das Hofgebäude den Zisterziensern vom Eußertal, sie erwarben es 1285. Nach der Reformation und Auflösung des Klosters ging es in den Besitz der Kurpfalz über. Im 18. Jahrhundert wohnte der Amtmann mit dem Titel »kurpfälzischer Hofkeller« darin. Zur Zeit der Ruhrbesetzung 1923 durch französische und belgische Truppen gewann in der Pfalz der Unabhängigkeits-Gedanke an Popularität. Am 11. November 1923 rief Josef Heinz aus Orbis, genannt Heinz Orbis, in Speyer die »Regierung der Autonomen Pfalz im Verband der Rheinischen Republik« aus. Den Separatisten erschien eine »Autonome Pfalz«, vom Deutschen Reich und Bayern gelöst und mit Frankreich als Rheinische Republik verbunden, als gute politische Lösung. Das Leben in der Pfalz war zu diesem Zeitpunkt von Massenarbeitslosigkeit und Elend geprägt. Doch ausgerechnet eine neue Abhängigkeit von der französischen Besatzungsmacht anstreben? Das führte zu einer starken Gegenbewegung, in deren Reihen sich auch die Attentäter fanden. Die Schüsse auf Orbis fielen mit Billigung der zuständigen bayerischen Regierung. Zwei Attentäter, Franz Hellinger und Ferdinand Wiesman, kamen beim Attentat selbst ums Leben. Auf der Gedenkplakette vor dem Hof erscheinen sie, bis heute nicht relativiert, als Helden der Freiheit der Pfalz: ungewöhnlich für einen modernen Gedenktext.

Eine Fotografie vom Ermordeten wurde als anti-separatistische Abschreckungspropaganda verbreitet. Unter der NS-Diktatur wurden letzte Separatisten als »Hochverräter« verfolgt.

Adresse Ludwigstraße 2, 67346 Speyer | **ÖPNV** Busse 564, 565, 568, Station Maximilianstraße | **Öffnungszeiten** Mi–Sa 18–23 Uhr, So 18–22 Uhr | **Tipp** Die benachbarte Spitalgasse bietet ein verzweigtes Hofsystem mit zum Teil malerischen Blicken.

110_Die Zeppelinstraße

Ältestes Keramikzentrum der Region

Im Bereich Zeppelinstraße/Lindenstraße wurden für ein Bauvorhaben in den Jahren 2002 bis 2014 Ausgrabungen durchgeführt. Dabei kamen der Klausurbereich des verschwundenen Allerheiligenstifts aus dem 11. Jahrhundert und Teile der frühsalischen Stadtmauer zum Vorschein. Man grub weiter und förderte Fundamente eines römischen Hauses samt Keller zutage. In diesem Keller fand sich Tongeschirr der hierzulande typischen Terra Sigillata. Besonders aufschlussreich waren zwei mit Fehlbränden gefüllte Keramikbrennöfen, die durch eine gemeinsame Brenngrube miteinander verbunden waren. Ein mit Keramikabfällen gefüllter Brunnen legt die Vermutung nahe, dass in diesem Bereich in römischer Zeit ein großes Keramikzentrum lag, vielleicht das älteste in der gesamten Region.

Und wie kam die Zeppelinstraße zu ihrem heutigen Namen? Zuvor hieß sie Seilerbahn, benannt nach den dortigen Seilerwerkstätten. Doch im Jahr 1909 (einige meinen 1908) überflog das Luftschiff Zeppelin die Stadt. Diesem Ereignis zu Ehren wurde die Straße nach ihm benannt, der alte Name verschwand im Dunkel der Geschichte. Das Luftschiff, das Dutzende Passagiere befördern konnte, war erst kurz zuvor von Ferdinand Graf von Zeppelin entwickelt worden. Bis in die späten 1930er Jahre blieb es ein probates Luftverkehrsmittel. Überliefert ist das Bild eines Zeppelins über Speyer aus dem Jahr 1930. Erst als im Jahr 1937 das Luftschiff »Hindenburg« auf dem amerikanischen Flughafen Lakehurst verbrannte, wurde weltweit das Ende der Verkehrs-Luftschifffahrt eingeläutet.

In Speyer erhielt auch die 1907 in der Zeppelinstraße errichtete Schule den Namen des Luftfahrzeugs. Erst Anfang des 20. Jahrhunderts wurde die Zeppelinstraße mit Wohnhäusern bebaut. An den Resten der nahen Stadtmauerteile sind die gut erhaltenen Ruinen mehrerer Stadttürme zu sehen, am besten zugänglich von einem der schönsten Speyerer Spielplätze.

Adresse Zeppelinstraße, 67346 Speyer | **ÖPNV** Bus 562, Station Salierstraße | **Tipp** Aus etwa derselben Zeit wie die Zeppelinschule stammt das Gebäude der Allgemeinen Krankenkasse in der Zeppelinstraße 6 mit seinem geschwungenen Portal, heute noch Sitz der AOK.

111 Zum Anker

Ex-Brauhaus mit 140 Jahre altem »Hausbaum«

Im schattigen Biergarten des ehemaligen Brauhauses »Zum Anker« erhascht man im Sitzen einen Blick auf den Dom. Unter dem Blätterdach einer Rosskastanie, die noch aus dem 19. Jahrhundert stammt, genießt man Speisen und das hauseigene Brauereibier. Dass Essen und Trinken Leib und Seele zusammenhalten, davon zeugt das Schild im schattigen Biergarten. Zum Schutz vor Sonne und Kastanienblüten sind im Sommer große Schirme aufgespannt. Auch wenn im Brauereigebäude nebenan nicht mehr gearbeitet wird, wird das Ankerbräu in einer großen Mannheimer Brauerei »beigebraut« – nach Original »Anker«-Rezept. Besonders das Kellerbier schmeckt sehr charaktervoll.

Selbst wenn die uralte Hauskastanie noch nicht oder nicht mehr in vollem Laub steht, strahlt der Biergarten eine urige Atmosphäre aus. Und erst recht die nostalgisch möblierten Innenräume mit Holzstühlen aus Großvaters Zeiten! Doch zunächst schreitet man durch ein breites Tor mit Pfeilern. Das Anwesen war früher wesentlich umfangreicher, auch das alte Brauhaus, das an die Stadtmauer grenzt, gehörte dazu. 1806 gegründet, war die Brauerei noch in den 70er Jahren des 20. Jahrhunderts in Betrieb. In Sammlerkreisen kursieren noch Bierdeckel, Flaschen, Gläser und Krüge mit dem Brauereilogo.

Das Gasthaus diente auch der Fischerzunft häufig, um »vor Anker zu gehen«: Die monatlichen Zunftversammlungen fanden jahrelang im »Anker« statt, stilecht mitten im alten Fischerviertel. Mitglieder hatten zu erscheinen und ihren Monatsbeitrag zu entrichten. Auch die ehemalige Bundestagsabgeordnete Luise Herklotz (SPD) führt ihre Familie auf das Fischerhandwerk zurück.

Bis gegen 1900 brachten die Fischer den Rheinsalm (Lachs) in großen Mengen auf den Speyerer Markt. Salm und Aal wurden mit ausgefahrenen Netzen, teils über die gesamte Flussbreite, gefangen. Doch das änderte sich. 1857 ging der letzte Stör ins Netz.

Adresse Rheintorstraße 10, 67346 Speyer | **ÖPNV** Bus 567, Station Schiffergasse oder Busse 564, 565, 568, Station Dom/Stadthaus | **Öffnungszeiten** täglich 17–0 Uhr, So auch 11.30–14.30 Uhr | **Tipp** Im nahen Hasenpfuhl 17 steht das Vereinsheim des Sportfischervereins »Petri Heil« mit einem schmiedeeisernen Fisch überm Tor. Dort kann man sich auf die staatliche Fischerprüfung vorbereiten.

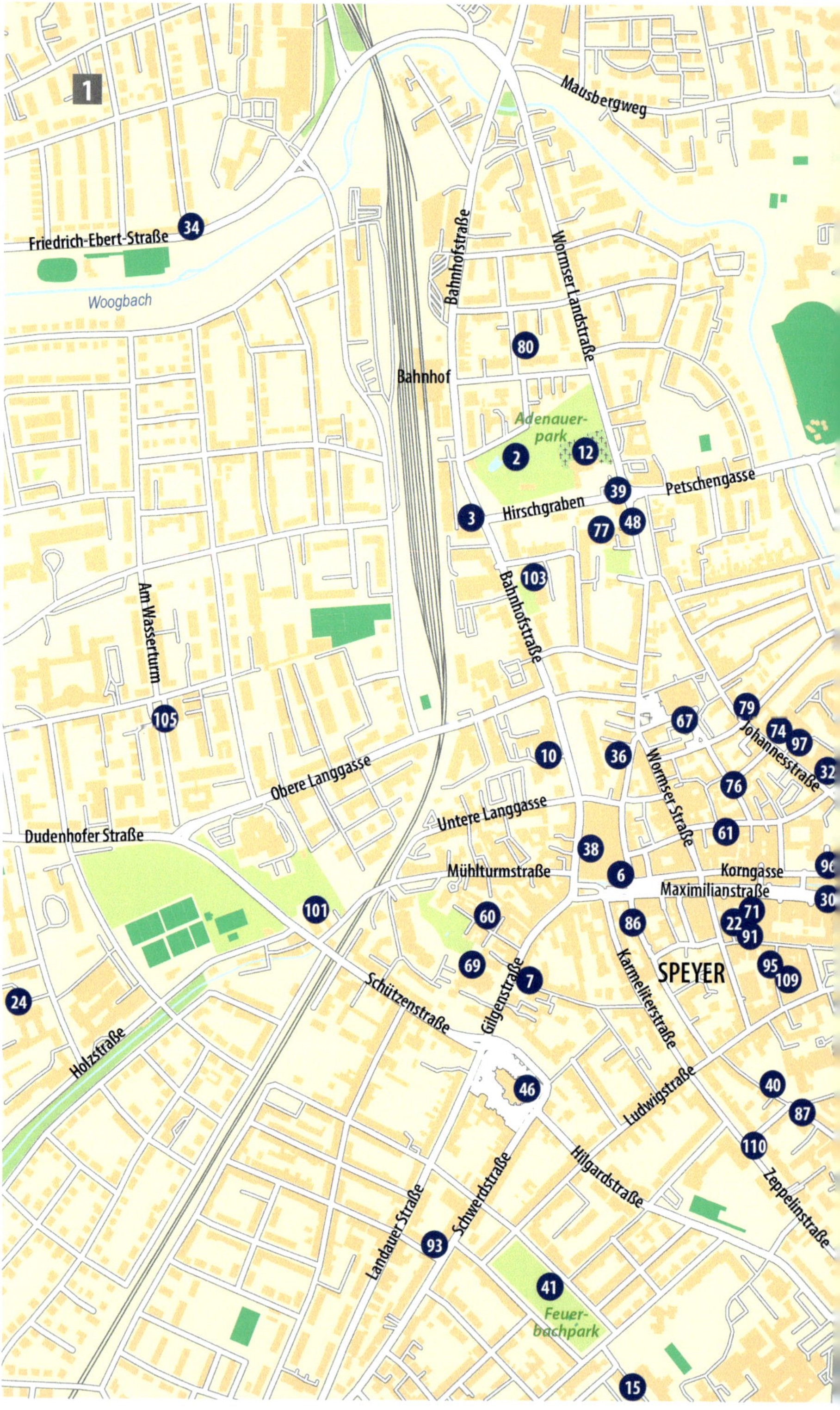
1
Mausbergweg
Friedrich-Ebert-Straße
Woogbach
Bahnhofstraße
Wormser Landstraße
Bahnhof
Adenauer-park
Petschengasse
Hirschgraben
Bahnhofstraße
Am Wasserturm
Johannesstraße
Obere Langgasse
Wormser Straße
Untere Langgasse
Dudenhofer Straße
Mühlturmstraße
Korngasse
Maximilianstraße
SPEYER
Schützenstraße
Gilgenstraße
Karmeliterstraße
Holzstraße
Ludwigstraße
Hilgardstraße
Schwerdstraße
Landauer Straße
Zeppelinstraße
Feuerbachpark
34
80
2
12
39
3
77
48
103
105
79
67
74
97
32
10
36
76
61
38
6
96
30
101
60
86
71
22
91
69
7
95
109
24
46
40
87
110
93
41
15

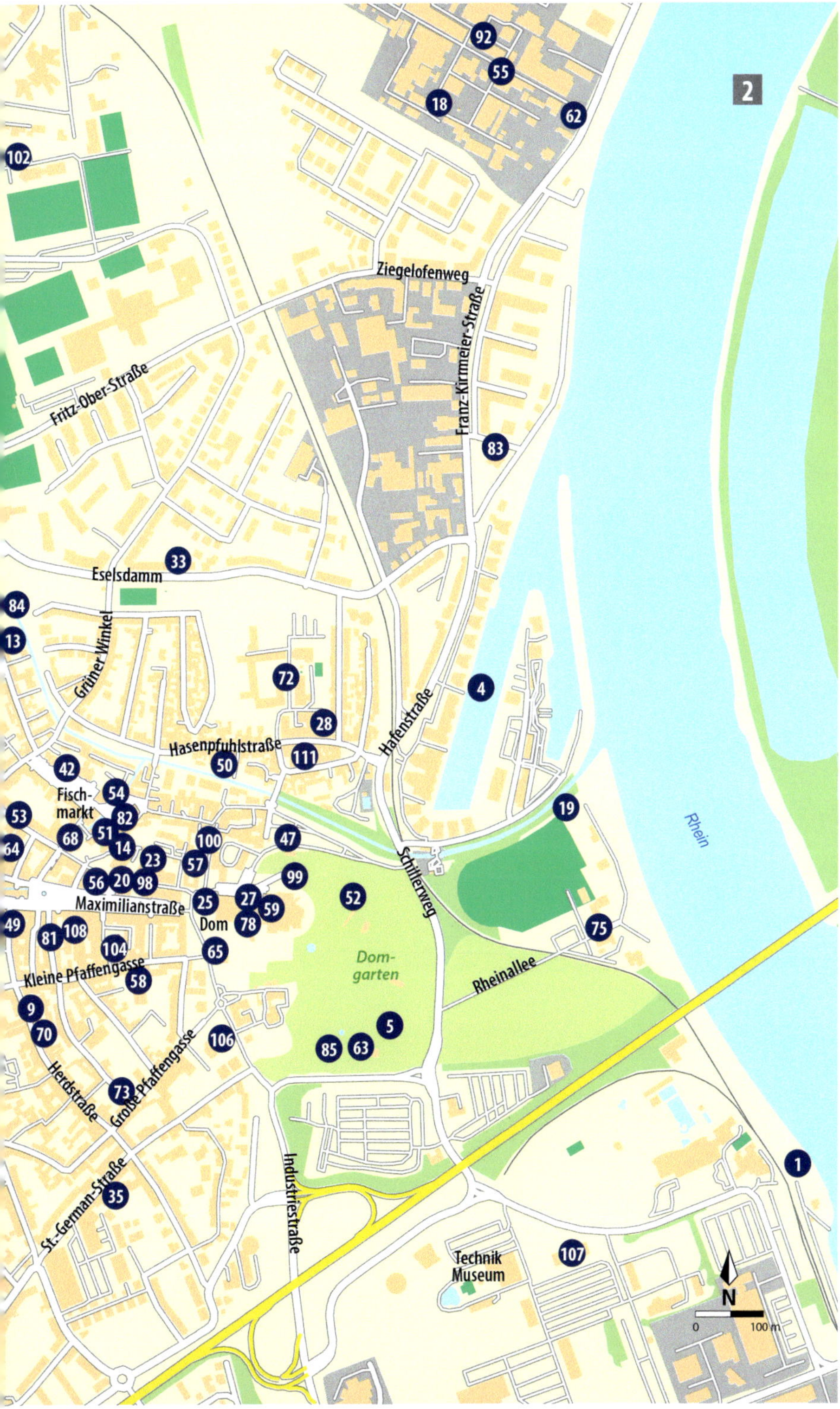
2
Ziegelofenweg
Franz-Kirmeier-Straße
Fritz-Ober-Straße
Eselsdamm
Grüner Winkel
Hasenpfuhlstraße
Hafenstraße
Fischmarkt
Schillerweg
Maximilianstraße
Dom
Domgarten
Rheinallee
Rhein
Kleine Pfaffengasse
Große Pfaffengasse
Herdstraße
St.-German-Straße
Industriestraße
Technik Museum
N
0
100 m

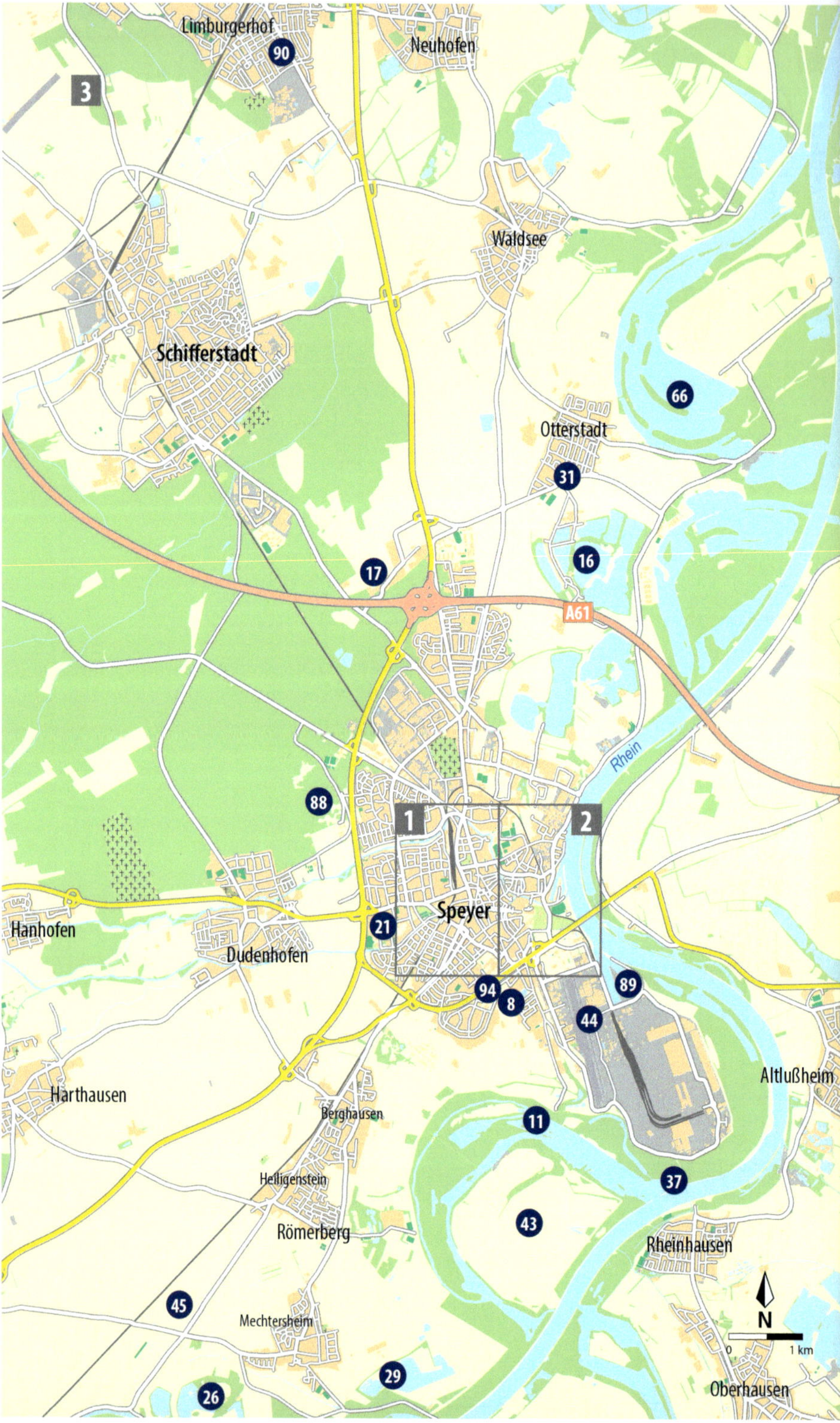

Limburgerhof
90
Neuhofen
3
Waldsee
Schifferstadt
66
Otterstadt
31
16
17
A61
Rhein
88
1
2
Speyer
Hanhofen
21
Dudenhofen
94
8
89
44
Altlußheim
Harthausen
Berghausen
11
Heiligenstein
37
43
Römerberg
Rheinhausen
N
45
Mechtersheim
0
1 km
29
26
Oberhausen

Technik Museen
Sinsheim Speyer
Technik,
die Erinnerungen weckt.
www.technik-museum.de

Stefanie Jung
111 Orte in Mainz, die man gesehen haben muss
ISBN 978-3-95451-041-2

Anke Müller
111 Orte an der Mosel, die man gesehen haben muss
ISBN 978-3-95451-325-3

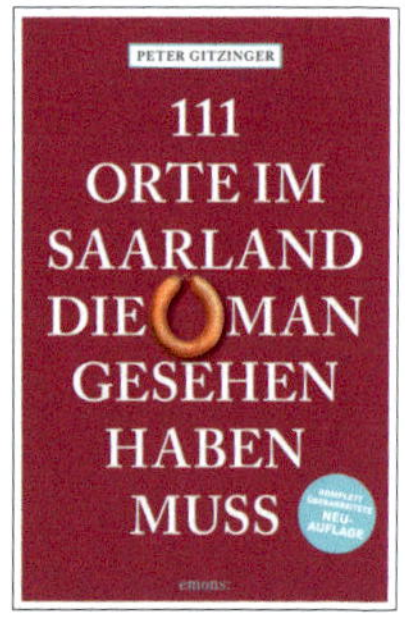

Peter Gitzinger
111 Orte im Saarland, die man gesehen haben muss
ISBN 978-3-7408-1265-2

Peter Gitzinger
111 Orte im Saarland, die man gesehen haben muss, Band 2
ISBN 978-3-89705-886-6

Hans-Peter Joseph Mayer
111 Orte in Heidelberg, die man gesehen haben muss
ISBN 978-3-7408-1981-1

Kirsten Elsner-Schichor
111 Orte in Karlsruhe, die man gesehen haben muss
ISBN 978-3-7408-1804-3

Dietlind Castor
111 Orte am Bodensee, die man gesehen haben muss
ISBN 978-3-7408-1781-7

Gabriele Kalmbach
111 Orte im Stuttgarter Umland, die man gesehen haben muss
ISBN 978-3-7408-1651-3

Gabriele Kalmbach
111 Orte in Stuttgart, die man gesehen haben muss
ISBN 978-3-7408-0974-4

Matz Kastning, Stefanie Knebel
111 Orte in Konstanz, die man gesehen haben muss
ISBN 978-3-7408-1207-2

Erwin Ulmer
111 Orte in Ulm um Ulm und um Ulm herum, die man gesehen haben muss
ISBN 978-3-7408-1482-3

Gertrud Steiger, Joachim Steiger
111 Orte im Odenwald, Spessart und an der Bergstraße, die man gesehen haben muss
ISBN 978-3-7408-1512-7

Ralf H. Dorweiler,
Daniela Bianca Gierok
111 Orte im Südschwarzwald, die man gesehen haben muss
ISBN 978-3-7408-1082-5

Barbara Goerlich
111 Orte in und um Reutlingen, die man gesehen haben muss
ISBN 978-3-7408-1085-6

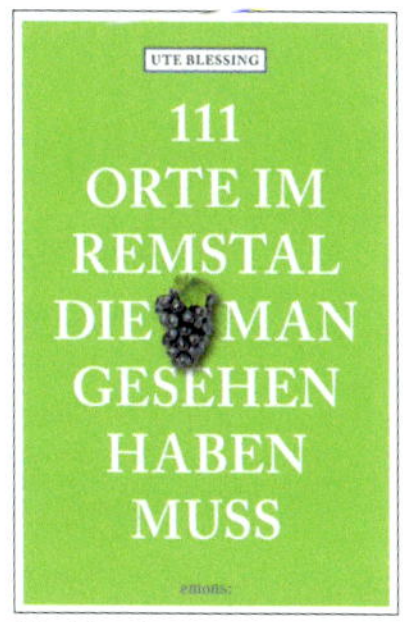

Ute Blessing
111 Orte im Remstal, die man gesehen haben muss
ISBN 978-3-7408-1356-7

Barbara Goerlich
111 Orte auf der schwäbischen Alb, die man gesehen haben muss
ISBN 978-3-7408-1303-1

Barbara Riess
111 Orte in Freiburg, die man gesehen haben muss
ISBN 978-3-7408-1073-3

Erwin Ulmer
111 Orte in Oberschwaben, die man gesehen haben muss
ISBN 978-3-7408-0860-0

Barbara Rieß

111 Schätze der Kultur im Schwarzwald, die man gesehen haben muss

ISBN 978-3-7408-0555-5

Cornelia Lohs

111 Orte in Mannheim, die man gesehen haben muss

ISBN 978-3-7408-0554-8

Marion Rapp

111 Schätze der Natur rund um den Bodensee, die man gesehen haben muss

ISBN 978-3-95451-619-3

Erwin Ulmer

111 Orte am oberen und mittleren Neckar, die man gesehen haben muss

ISBN 978-3-7408-0364-3

Eva Grubmiller, Martina Neher

111 Schätze der Natur auf der Schwäbischen Alb, die man gesehen haben muss

ISBN 978-3-7408-0248-6

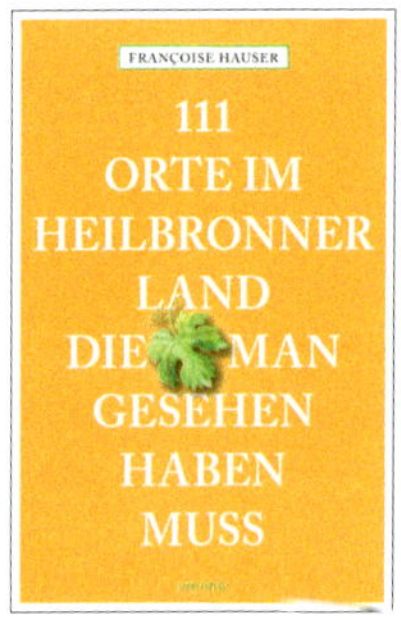

Françoise Hauser

111 Orte im Heilbronner Land, die man gesehen haben muss

ISBN 978-3-95451-842-5

Karin Blessing

111 Schätze der Natur im Schwarzwald, die man gesehen haben muss

ISBN 978-3-95451-701-5

Katharina Sommer

111 Orte in und um Tübingen, die man gesehen haben muss

ISBN 978-3-95451-852-4

Cornelia Ziegler

111 Orte in und um Baden-Baden, die man gesehen haben muss

ISBN 978-3-7408-0134-2

Dank

Für wertvolle Hinweise habe ich zu danken dem geschätzten ehemaligen Oberbürgermeister Werner Schineller, dem Stadtführer Ludwig Ofer und weiteren Stadtführern, Archivaren, Museumskuratoren, Geschäftsleuten und so manchen hilfsbereiten Passanten, die meinem suchenden Blick begegneten. Namentlich danke ich meinen Freunden Judith und Ralf Schöndorf für Tipps und Unterstützung sowie meinem Mann Klaus Urbach für die unermüdliche Begleitung auf Fototouren. Etwaig Übersehenes oder Fehler gehen natürlich allein auf mein Konto.

Dr. Regina Urbach, geboren 1966 in München, ist promovierte Historikerin, Redakteurin und Autorin und lebt mit ihrer Familie in Worms. Sie veröffentlichte mehrere Stadtführer und Romane mit Lokalkolorit. 2021 erschien von ihr im Emons Verlag »111 Orte in und um Worms«. Seit Jahrzehnten verbringt sie im Sommer viel Zeit in Speyer.